ZU DIESEM BUCH

Der Schalk unter den Soziologen gibt hier eine ironische Anleitung für alle, die in Beruf und Gesellschaft nach Erfolg und Ansehen streben, nach Beförderung und Gehaltserhöhung. Parkinsons Ratschläge gelten für Protektionskinder und auch gewöhnliche Sterbliche, die sich den Aufstieg mühsam erkämpfen müssen. Sie sind für das starke wie für das schwache Geschlecht gleichermaßen geeignet, berufliche Positionen zu stärken. Ob als Ingenieur oder Journalist, als Politiker oder Wissenschaftler, Testpilot oder Geheimagent: jeder, der Karriere machen will, muß die hohe Kunst beherrschen, so eindrucksvoll hinter einem Schreibtisch zu agieren, daß er die Stufenleiter zum nächsthöheren und nächstgrößeren Schreibtisch (und von dort weiter aufwärts in der Hierarchie) rasch und ohne Kraftvergeudung erklimmen kann. Denn jeder Erfolg im Beruf – das ist die Quintessenz von Parkinsons pfiffigen und sarkastischen Geheimtips – führt heute unausweichlich an einen Schreibtisch, einerlei, ob er in einem Handelskontor oder einem Rathaus, in einer Universität oder einem Gutshof, in einer Raketenstation oder einem Ministerium steht. Den Weg an den Schreibtisch und von dort zum Ober- und Überoberschreibtisch bis zum Chefschreibtisch weist Parkinson mit Swiftscher Ironie.

Er weiß, wie wichtig die Wahl des richtigen Schwiegervaters ist; er kennt alle Finessen der Bürotechnik, ständig anschwellende Papierfluten auf die Schreibtische anderer abzuleiten; er ist bewandert in allen Winkelzügen, die man beherrschen muß, um im Umgang mit Vorgesetzten diesen stets recht zu geben und selber stets recht zu behalten.

Mit alldem vermag er bei seinen Lesern nicht nur Heiterkeit und verschmitzte kritische Skepsis zu wecken, sondern ebenso sicher weiß er die schwachen Stellen in Wirtschaft und Verwaltung sichtbar zu machen.

C. Northcote Parkinson, geboren am 30. Juli 1909, war Assistent am Londoner Marine-Museum und Geschichtsdozent der Marineschule in Dartmouth. Während des Krieges studierte er das Wachsen der Bürokratie als Zivilbeamter der Admiralität. Fast zehn Jahre lehrte er an der Universität in Singapur Geschichte. Seine Spezialität ist die Geschichte der Seefahrt. Sein erstes Buch war «War in the Eastern Seas», eine ernsthafte und dabei unterhaltende Abhandlung über die Seeschlachten im Indischen Ozean zwischen 1793 und 1815. Als Leiter der historischen Fakultät der Universität von Malaya arbeitete er an der Erforschung der malaiischen Geschichte, deren historischen und legendären Helden er eine Chronik widmete. Seine drei «Parkinsonschen Gesetze»: «Parkinsons Gesetz und andere Untersuchungen über die Verwaltung» (rororo Nr. 6763), «. . . alles von unserem Geld – Eine Studie über die Steuern» (rororo Nr. 6729) und «Parkinsons Blick in die Wirtschaft» (rororo Nr. 6701) machten den Autor weltberühmt. Parkinson schrieb unzählige Aufsätze, insgesamt neunzehn Bücher und arbeitete in mehreren Instituten, Akademien und Kommissionen mit. Er lebt heute auf der Insel Guernsey und steht als Präsident des Parkinson Instituut Amsterdam in engem Kontakt mit den Entwicklungen im Bereich der EWG und beweist damit wiederum, daß er mehr ist als ein bloßer Theoretiker.

C. NORTHCOTE PARKINSON

Favoriten und Außenseiter

Eine Studie über den Erfolg
in Wirtschaft und Gesellschaft

Illustriert von
Osbert Lancaster

ROWOHLT

Die Originalausgabe erschien bei John Murray Publishers, Ltd., London,
unter dem Titel «In-Laws & Outlaws»
Aus dem Englischen übertragen von Dr. Horst Jordan
Umschlagentwurf Jürgen und Cornelia Wulff

1.–35. Tausend	Juli 1967
36.–55. Tausend	Mai 1968
56.–63. Tausend	August 1971

Ungekürzte Ausgabe
Veröffentlicht im Rowohlt Taschenbuch Verlag GmbH,
Reinbek bei Hamburg, Juli 1967
© Econ Verlag GmbH, Düsseldorf und Wien, 1962
«In-Laws & Outlaws» © Roturman S.A., 1962
Gesetzt aus der Linotype-Aldus-Buchschrift
und der Palatino (D. Stempel AG)
Gesamtherstellung Clausen & Bosse, Leck/Schleswig
Printed in Germany
ISBN 3 499 16710 7

INHALT

Bücher zu dem Thema *Wie habe ich Erfolg im Leben,* von denen dieses hier das jüngste und beste ist, kennen kaum Meinungsverschiedenheiten darüber, was unter Erfolg zu verstehen ist. Die gebräuchliche Umschreibung «dem geht's glänzend» mag Philosophen und Moralisten nicht gefallen (sie ist auf sie auch gar nicht gemünzt), hat jedoch zumindest den Vorzug, von allen verstanden zu werden. Wir wissen annähernd, was damit gemeint ist. Unter einem erfolgreichen Menschen stellen wir uns jemanden auf einem hohen Posten, mit gesicherter Zukunft, von untadeligem Ansehen vor, der obendrein eine gute Presse hat. All das verdankt er, so meinen wir, seiner eigenen Leistung. Vor unserem geistigen Auge stehen das schöne Haus am See, der blühende Garten, die Tochter im Reitdress, das alte englische Silber. Wir stellen uns das getäfelte Büro, den spiegelnden Schreibtisch, den teuren Maßanzug und den lautlos dahingleitenden Wagen vor. Im äußersten Blickwinkel gewahren wir ihn in einem exklusiven Klub als den Mittelpunkt der tonangebenden Gruppe, als bescheidenen Empfänger ergebenen Beifalls. Beifall wofür? – Sieg, Beförderung, Ehrungen oder ein weiterer Sohn? Vielleicht alles vier auf einmal. Das bedeutet schlechthin Erfolg, und in diesem Sinne wird dieses Wort hier benutzt werden.

Es sei nicht bestritten, daß es auch andere Formen des Erfolges gibt, von der Heiligsprechung an abwärts. Mancher verlieh seinen Namen einer exotischen Blüte oder brachte sogar unsterbliche Verse zu Papier. Andere wieder lebten bis in ein unwahrscheinlich hohes Alter hinein oder gaben schon vom achten Lebensjahr an Konzerte. Erfolg kann diese oder jene Form haben. Angenommen, daß dem so ist, darf der Leser nichtsdestoweniger nicht mehr erwarten, als er finden wird. Sollte der Erfolg, an dem ihm gelegen ist, von der zuerst umschriebenen Art sein – der elegante Wagen, der private Badestrand –, dann sagt ihm dieses Buch alles. Sollte ihm Erfolg in Form von Belohnung in einem Leben nach dem Tode oder gar als postumer Ruhm vorschweben, dann müßte er anderswo nachblättern. Zwischen diesen Buchdeckeln werden keine Tips für Märtyrertum angeboten.

Wann immer hier das Wort «Erfolg» angewendet ist, ist es als Erfolg im materiellen Sinne gemeint. Obwohl der hier zur Rede stehende Erfolg rein materiell ist, haftet ihm nichts Ungehobeltes an. Worauf es ankommt, ist, daß der Mensch, der «es geschafft hat», nicht einfach bloß Geld gemacht hat. Reichtum allein, ohne Prestige und Popularität und vielleicht noch mit knauseriger Frömmelei gepaart, kommt einem Lähmungszustand gleich. Die Kunst, Erfolg zu haben, kann Geld einschließen, aber es muß die Fähigkeit hinzukommen, glatt und leicht in die beherrschende Gesellschaftsschicht hineinzugleiten und dabei den vagen Eindruck zu vermitteln, als habe man von jeher dazugehört. In jenen fernen Tagen, als Filme noch Unterhaltung zu bieten pflegten, benutzten manche Minderbemittelte den rückwärtigen Ausgang des Kinos als Eingang, indem sie eintretend zueinander sagten: «Das war aber ein miserabler Film.» Eine ganz ähnliche Erfolgstechnik gewährleistet das unauffällige Eindringen in die Kreise der Privilegierten. Man muß mit der ganzen Lässigkeit dessen auftreten, der drinnen war. Es genügt nicht, einzutreten: man muß *dazugehören*.

Der nachfolgende Rat, wie man vorankommt, setzt eine Spezialform von Erfolg voraus. Er setzt ferner voraus, daß der Leser ein Durchschnittsmensch, jedoch mit einer etwas unterdurchschnittlichen Begabung ist. Allzuoft sehen wir Bücher *Wie man Erfolg hat,* die von dem Wißbegierigen verlangen, energischer, intelligenter, hilfsbereiter, arbeitsamer, aufgeschlossener und loyaler zu sein als seine Mitmenschen. Wer aber alle diese Tugenden besitzt, braucht solch ein Buch gar nicht. Er dürfte ohnehin Erfolg haben. Der Mensch, dem Rat not tut, ist unterdurchschnittlich – stupide, träge, unüberlegt, kontaktarm, schlecht gelaunt und illoyal. Für ihn sollten Bücher geschrieben werden. Wir leben schließlich in einem demokratischen Lande. Warum sollte er nicht ebensogut wie jeder andere Erfolg haben?

Er kann, und wir werden sofort erklären, wie.

Zu diesem Zweck müssen wir von der Annahme ausgehen, daß es um Erfolg in einem Bereich geht, in dem die meisten Menschen tätig sind und für den alle anderen zweifellos bestimmt sind: im Bereich der öffentlichen und der wirtschaftlichen Verwaltung. Die Leute erträumen sich eine Karriere in der Agrikultur, in der Forschung, in der Viehzucht, in der Literatur oder in der Anthropologie. Mancher sieht sich als Testpilot, Geheimagent, Chefreporter oder Cowboy. Haben sie in ihrer Sparte Erfolg, so werden sie schließlich an einem Schreibtisch landen. Und in der Praxis scheint es wenig Unterschied zu machen, ob der Schreibtisch in einer Universität, auf einer Raketenabschußbasis, einem Gutshof oder im Außenministerium steht. Komme, was da wolle, keiner von uns kann dem Schreibtisch entgehen. Das sollten wir uns gleich von Anfang an vergegenwärtigen, wenn wir ernsthaft vorankommen wollen. Sitzen wir erst einmal an einem Schreibtisch, liegt unser Problem darin, von Schreibtisch zu Schreibtisch zu wechseln, bis wir schließlich den höchsten Schreibtisch von allen erreicht haben.

Der geneigte Leser sei jedoch gewarnt. Er sollte nicht mehr erwarten, als ihm der Autor zu bieten hat. Dieses Buch enthält keinen Ratschlag, wie man in der Politik Erfolg hat. Über dieses Thema müßte einmal ein nützliches Buch geschrieben werden. Dieses hier ist es jedenfalls nicht. Eine politische Karriere mag vieles Reizvolle aufzuweisen haben. Doch ihr Lohn ist hauptsächlich jenen vorbehalten, die bereits zu den Erfolgreichen gehörten. Auf der einen Seite des Hohen Hauses ist eine wohlhabende Familie als Hintergrund weniger Voraussetzung, als gemeinhin angenommen wird. Auf der anderen zählt die hohe politische Stellung schwerlich überhaupt als Erfolg. Als erster und natürlicher Schritt, um die politischen Realitäten in den Griff zu bekommen, empfiehlt sich das Studium von Who is Who, jenem unschätzbaren Nachschlagewerk mit Kurzbiographien aller, die als im öffentlichen Leben hervorstechend bezeichnet werden können.

Studium und Analyse dieser Biographien werden das Fundament augenfällig machen, auf dem jede große Karriere aufbaut. Diese Aufgabe gründlich vollbringen, hieße, ein Buch allein darüber zu schreiben. Aber selbst das flüchtige Studium von nur hundert Namen kann ausreichend sein, die Elemente des Erfolgs klarzumachen. Der Autor dieses Buches hat eine solche Studie gemacht. Das statistische Material hierzu verdankte er der konservativen britischen Regierung der Jahre 1955/56. Die Minister und Staatssekretäre einschließlich derer, die nicht während der ganzen Regierungszeit in Amt und Würden waren, dazu noch die obersten Richter und höchsten Beamten der Steuerverwaltung, weiterhin der Speaker und der Premierminister sowie die Vorsitzenden der Ausschüsse zusammengenommen, ergeben die runde, brauchbare Summe einhundert. Von diesen einhundert waren 81 in staatlichen Schulen, 70 in Oxford oder Cambridge und 13 in Sandhurst, Woolwich oder Dartmouth erzogen worden. Von denen, die eine Staatsschule besuchten, waren nicht weniger als 27 Eton-Schüler. Harrow und Winchester steuerten je fünf, Rugby drei und Marlborough und Uppingham nur je zwei bei. Zu den Schulen, die nur je einmal vertreten waren, gehörten Westminster, Charterhouse, Cheltenham, Radley, Malvern und Stowe. Von den Akademikern kamen 45 von Oxford und nur 25 von Cambridge. Von den Oxford-Studenten kamen 13 von Christchurch und von den Cambridge-Studenten 12 von Trinity. Von den 13 aus Christchurch waren nicht weniger als 10 auch in Eton gewesen. Aus Statistiken solcher Art wird schon ein gewisses Modell sichtbar. Mag man bei der Regierungsbildung auch nicht zugegen gewesen sein, so hat man – dank diesem internen Beweis – doch eine klare Vorstellung, wie sie vor sich gegangen sein muß.

Es dürfte nicht schwierig sein, das Schema zu rekonstruieren, das in politischen Kreisen anzuwenden ist – tatsächlich ist dies bereits geschehen. Die Parkinson-Skala aber ermöglicht es, die ganz und gar perfekte Eintragung für Who is Who zu entwerfen; perfekt, das heißt für jemanden, der soeben in eine bemerkenswerte politische Karriere eingestiegen ist. Die Eintragung würde etwa folgendermaßen lauten:

9

Upton-Cumming, *Neville Edmund Windrush*, Parlamentarischer Privatsekretär von H. M. Staatssekretär für Auswärtige Angelegenheiten, kons. Abgeordneter für den Wahlkreis Alltory (West) seit 1953. Geschäftsführer der Upton Plastics Ltd, Slough. Geb. 1926, zweiter Sohn des verst. Arthur Upton und seiner Ehefrau Martha, Tochter von Hiram B. Cumming, Pittsburg, USA. Verh. 1951 mit Hon. Sheila Swellyn, Tochter des 1. Lord Innercausus (siehe dort) und seiner Ehefrau Lady Elisabeth, ältester Tochter des 14. Earl of Normantowers (siehe dort), Witwe von Sir Cecil Sleightly-Cavendish († 1917). *Wehrdienst:* Sandhurst, Oberleutnant, 1940 zur kgl. Leibwache abkomm., diente in Italien, in Heeresberichten ehrenvoll erwähnt, Kriegsauszeichnungen. *Bildungsgang:* Eton, Christchurch, Oxford, Staatsexamen (summa cum laude); Präsident der Oxford Union, 1949. Advokat, Alter Herr eines Corps, Major der Reserve. Reiste in der Äußeren Mongolei, mit der Hochschule nach Neu-Guinea, Berichterstatter in Korea. *Publikationen: In der finstersten Mongolei, Mein Arbeitsbeschaffungsplan* und *Die nächsten fünf Jahre. Freizeitbeschäft.:* Angeln, Racket, Sammeln von Schnupfdosen. *Anschrift:* 203 Cadogan Mews, Sloane Square, S. W. 3, und Oakrafter Lodge, über Newbury, Berks. *Clubs:* Carlton, Pratts, Guards, Cavalry.

Der scharfsinnige Leser wird bemerken, daß der Politiker, auf den diese Eintragung sich bezieht, die Rate von 100 % auf der Parkinson-Skala erreicht – eine weit höhere Rate, als ein echter Staatsmann je tatsächlich beanspruchen kann. Unser Politiker verfügt obendrein über eine Reihe nützlicher Nebenumstände – Ansehen als Buchautor und Reisender, Erfolge auf akademischem, sportlichem und militärischem Gebiet, Präsidentschaft der Oxford-Union und endlich ein wunderliches Hobby, das so gar nicht zu dem übrigen Charakter zu passen scheint.

Hier haben wir also einen Idealfall vor uns, dem es nachzueifern gilt, am besten von der Geburt an; der scharfsinnige Leser wird jedoch bemerkt haben, daß Mr. Upton-Cumming über eine Qualifikation verfügt, von der in seinem Eintrag in *Who is Who* keine Rede ist, es sei denn zwischen den Zeilen. Er ist offenkundig *reich*. Deshalb wurde dieses Buch auch nicht für ihn geschrieben. Er vermag sich vermutlich um sich selber zu kümmern. Der Autor versucht lieber jenen zu helfen, die mit weniger anfangen, jenen, für die Politik nicht in Frage kommt.

Um in der Verwaltung voranzukommen, brauchen wir zu Anfang nichts weiter als das Wissen, wie man sich durch die Intelligenztests hindurchmogelt und wie man durch das Sieb der charakterlichen Eignungsprüfung hindurchschlüpft. Das alles ist kinderleicht, zumal diese Tests (und sehr zu Recht) nur dazu bestimmt sind, jene auszuschalten, denen selbst das Mogeln zu lästig ist. Wir unterstellen, daß der Leser diese Tests bestanden hat und bereits hinter einem beachtlichen Schreibtisch sitzt. Was tun Sie nun als nächstes? Die folgenden Kapitel enthal-

ten die Antwort. Bei den Ratschlägen wird bescheiden unterstellt, daß der Leser in der Wirtschaft tätig und es sein höchstes Streben ist, Generaldirektor eines Mammutkonzerns mit vielen Tochtergesellschaften zu werden. Diese Unterstellung dürfte in vielen Fällen zutreffen, doch sind die Ratschläge genausogut auf jede andere Art von Verwaltung anwendbar.

Die Büros gleichen sich fast alle wie ein Ei dem anderen, und die hier niedergelegten Prinzipien passen für sie alle. Vorausgesetzt wird ein Schreibtisch (unerläßlich) mit Körbchen für Eingänge, Ausgänge und Unerledigtes, Telefon, Löscher, Notizblock und Terminkalender – dann ist die Erfolgstechnik immer die gleiche. In welcher Laufbahn Sie auch immer stecken mögen, ob in der Regierung, in der Stadt-, Gemeinde- oder Wirtschaftsverwaltung, immer sind die gleichen Verfahren anwendbar. Mit diesem Buch auf Ihrem Nachtkästchen ist der Erfolg praktisch unvermeidbar. Zum erstenmal in der Geschichte wird hier ein Jedermann-Programm für den Erfolg geliefert.

DER BACKGROUND

Mit einem Fuß auf der untersten Sprosse der Leiter wird es Ihr erstes Problem sein, zwei unvereinbare Methoden miteinander in Einklang zu bringen. Einerseits müssen Sie auf einen recht ansehnlichen familiären Background anspielen, andererseits müssen Sie es vermeiden, einen Groschen mehr auszugeben, als unbedingt nötig. Heiraten Sie nur ja nicht jetzt, und mieten Sie keinesfalls eine Wohnung. Jeden Abend, wenn Ihre Kollegen das Büro verlassen, sehen sie in Ihrem Zimmer noch das Licht brennen. Jeden Morgen, wenn sie kommen, sind Sie bereits anwesend. «Er arbeitet wie ein Pferd», werden sie untereinander sagen. «Er lebt praktisch im Büro.» Und damit werden sie recht haben. Sie müssen dort schlafen. Zweckmäßig werden Sie für die Wochenenden einem Klub angehören, und an den gesetzlichen Feiertagen verbringen Sie die Nacht am besten in einem türkischen Bad. Ihre Mahlzeiten in der Kantine werden jeweils etwa 1,97 DM kosten. Sparen und investieren Sie sinnvoll jeden weiteren Groschen, den Sie einnehmen.

Was Ihren Background anbelangt, so sollten Sie ihn planmäßig auf den Ferien aufbauen. In den ersten fünf Jahren Ihrer Karriere verbringen Sie die zwei Wochen Ihres Jahresurlaubs wie folgt: die ersten zwei Urlaube in der Nähe von Eton, Winchester oder Rugby, die letzten drei in der Nähe von Oxford, Cambridge oder University College. Studieren Sie angelegentlich die laufenden Fakultäts- oder Klassenlisten, diskutieren Sie Berichte und Fußballresultate. Sammeln Sie Studentenzeitungen. Lernen Sie die Pförtner und Pedelle kennen. Lesen Sie alle Ihnen zugänglichen Bücher, und lernen Sie alle Landkarten, die Sie zu Gesicht bekommen, auswendig.

Auf einer oder zwei dieser Reisen sollten Sie einen ehrgeizigen Freund mitnehmen, der seinen Namen in Astor oder Cholmondeley umgeändert hat. Dann beginnen Sie ganz locker an Ihrem Background zu häkeln mittels eines Fotos und indirekter Anspielungen. In Wirklichkeit sind Sie Absolvent der Volksschule in Kleinsiehstdumichnicht und einer in der Nähe gelegenen Mittelschule oder haben vielleicht auch irgendeine mickerige Universität besucht und sind stolz darauf; indessen, dies sind Umstände, die Sie, zumindest im Augenblick, nicht zu betonen trachten sollten. Um keinen Preis dürfen Sie lügen. Nichts wäre übler und törichter. Sie sollten eher darauf bedacht sein, Atmosphäre zu schaffen.

Wenn Sie erzählen «Ich habe in Cambridge nicht gerudert, ich mußte nämlich hart arbeiten», so sagen Sie schließlich die Wahrheit. Wenn Sie von Ihrem Freund Archie Cholmondeley sprechen und leicht einfließen

13

lassen «Wir waren zusammen in Eton», dann halten Sie sich strikt an die Wahrheit. Darüber hinaus lassen Sie sich nicht über weitere Einzelheiten aus. Wenn von irgendeiner Freizeitbeschäftigung, wie etwa dem Bogenschießen, die Rede ist, können Sie Ihre Unkenntnis ruhig zugeben – «Ich glaube, in Oxford kannte man es nicht». Ebensowenig müssen Sie dem Filmstar X begegnet sein, denn «er war wohl nicht auf der Uni, oder...?» Bei allen Anspielungen beherzigen Sie jedoch stets die Hauptregel: Haben Sie sich für eine bestimmte Schule oder Universität entschieden, so bleiben Sie dabei; es wäre fatal, sie durcheinanderzubringen.

Sie mögen dem entgegenhalten, daß im Direktionsgebäude doch eine Lochkarte voller Löcher vorhanden sei, von der Ihre wahre Laufbahn, angefangen von Kleinsiehstdumichnicht über die Zensuren («knapp ausreichend») bis zurück zum Kindergarten, abzulesen ist. Verschwenden Sie keinen Gedanken daran. Das Personalbüro bedarf natürlich solcher Dinge einfach als Statussymbol, aber niemand schaut sie an; sie sind nur zum Ablegen da. Ohne einen unmittelbaren Anspruch, ohne auch nur eine einzige Lüge, ohne etwas anderes zu sein als Ihr bescheidenes Ich, sollte es Ihnen gelingen, im Laufe von fünf Jahren zu dem «alten Harrowianer in der Werbeabteilung» zu werden, der fleißiger arbeitet als irgend jemand sonst in der Firma.

Ein Background läßt sich durch einige leicht hingeworfene Sätze andeuten, doch Bemerkungen über Geld sollten zumindest zum Teil reale Grundlagen haben. Der Mann, der sein Gehalt zusammenhält, wird etwas zum Investieren haben; die Investition ist vielleicht nicht der Rede wert, trotzdem erweist sie sich in der Unterhaltung als nützlich. Während Sie an der Börse vorsichtig und nach sicheren Tips spekulieren, sollten Sie hin und wieder auf Ihre Transaktionen anspielen und dabei abwechselnd etwas von einem beachtlichen Profit oder beträchtlichem Verlust durchblicken lassen. Gewinne und Verluste haben Sie tatsächlich einstecken müssen, nur die Summen sind heftig übertrieben.

Ungefähr einmal im Jahr sollten Sie, um einen Spekulationsgewinn zu feiern, die fünf geschwätzigsten Ihrer Kollegen zu einem üppigen Abendessen einladen. Vergessen Sie jedoch nicht, daß ein Verlust genausoviel Eindruck macht. Denn für die Steigerung des Ansehens zählt nur die Größenordnung; ob das Ergebnis unter dem Strich auf Plus oder Minus lautet, ist unwesentlich. Behaupten Sie nicht, daß Sie eine gewisse Voraussicht besäßen, doch bekennen Sie ruhig, daß Sie, wenn man so will, ein bißchen Glück haben.

Der unmittelbare Zweck ist jedoch nicht, Reichtum anzudeuten, sondern irgendwie Verwandtschaft mit den Astors oder Rothschilds. Diese machen ihr Geschäft, und Sie machen Ihres. So kann es sich herumsprechen, daß Sie an Polychrome Plastics beteiligt sind. «Haben Sie nicht die Aktienmehrheit?» wird ein Bekannter respektvoll fragen. Mit einem leichten Lachen antworten Sie, «Wohl kaum!», und überlassen ihn der Überlegung, daß, sagen wir, 45 % der stimmberechtigten Aktien immerhin auch eine ganz hübsche Summe ausmachen dürften.

Nach fünf Jahren des Sparens und der Geldanlage sollten Sie bereits über ein nettes Sümmchen verfügen. Sie haben vielfältige Möglichkeiten, es auszugeben, aber Sie wählen wahrscheinlich die beste, indem sie es in Reisen anlegen. Manches spricht dafür, die Stellung für sechs Monate aufzugeben, um dann mit dem Ansehen eines Mannes, der die Welt kennt, wiederaufzutauchen. Europa können Sie, weil zu vielen bekannt, für diesen Zweck aus Ihrer Liste streichen. Zwar ließe sich etwas daraus machen, in Zagreb, Skopje oder Santorin gewesen zu sein, doch lohnt der Ertrag den Aufwand nicht. Von Cagliari zu plaudern ist Zeitvergeudung. Heutzutage kann der Reisende nur mit der beiläufigen Erwähnung von Faizabad, Kaohsing oder Baudjaimasir Eindruck machen. «Das erinnert mich», so werden Sie nachlässig einflechten können, «an etwas, was mir einmal in Aythia passiert ist...»

Was dies anbetrifft, mag es Ihnen so scheinen, als ob der Leiter der Organisationsabteilung, so wie man ihn heute sich vorstellt, keine Kenntnis der Welt braucht, ja vielleicht durch jederlei Wissen nur gehemmt werden könnte. Dem ist wahrscheinlich sogar so. Doch die Zeiten ändern sich, und Sie müssen vorausahnen, inwiefern. Die gegenwärtige Mode der Konformität wird vorübergehen, und ihr wird der Ruf nach Individualität folgen. Als leitender Angestellter zu den Hervorragenden zu zählen, mag schwer sein, aber auf Borneo gewesen zu sein, ist vergleichsweise mühelos. Tun Sie etwas dergleichen, und begründen Sie so Ihren Ruf als Individualist; als der Mann, der Tasmanien bereist hat; als der Mann, der die Welt kennt.

Haben Sie sich für diese Methode entschieden, so stehen Ihnen drei Alternativen offen, zwischen denen Sie wählen müssen. Sie können ein Territorium bereisen, das als unerforscht gilt. Sie können eine nur wenigen anderen Leuten geläufige Fremdsprache erlernen. Sie können schließlich auch den Schauplatz eines unbedeutenden kriegerischen Konflikts besuchen und als Militärexperte zurückkehren – zumindest wird es von Ihnen heißen, Sie hätten schon manches kühne Abenteuer hinter sich gebracht.

Das Hauptresultat Ihrer Reisen wird ein Buch sein, und Sie tun gut daran, vorher zu beschließen, wovon es handeln soll. Erst zu reisen und dann hinterher Ihre Eindrücke niederzulegen, ist unwissenschaftlich und führt zu einer Menge purer Zeitvergeudung. Studieren Sie die Buchauslagen und achten Sie darauf, was veröffentlicht wird. Sie werden feststellen, daß Abenteuerbücher in Mode sind. Aus guten Gründen darf aber angenommen werden, daß dieser Markt in mancher Hinsicht schon überschwemmt ist. Derzeit wird niemand mehr einen Verleger für eine Geschichte finden wie die von dem Kind, das bei einem Affenstamm aufwuchs. Diese Zeiten sind, wie wir wissen, vorbei. Heute ist mit einer Überquerung des Pazifik auf einem Floß aus Kanistern nichts mehr zu gewinnen. Die Kenntnis des Linyutang-Dialekts verschafft nur geringen Ruhm. Am allerwenigsten aber wird ein Dienst in der Fremdenlegion (falls sie noch existieren sollte) ein weiteres Buch über Abenteuer in Friedwrenya rechtfertigen.

Da Ihnen gewisse Wege definitiv verschlossen sind, tun Sie gut daran, Ihren eigenen Prosastil zu prüfen, bevor Sie Ihre Schiffspassage buchen.

Das gekenterte Kanu bedeutete den Verlust unserer gesamten Verpflegung und Ausrüstung, die wir erst in Madlyrash, dem letzten Bindeglied zur Zivilisation, wiederbeschaffen konnten. Die Rückreise auf dem Fluß würde uns mindestens sechzehn Tage kosten. Der Landweg wäre noch zeitraubender. Mit dem Einbruch der Regenzeit war, wie gesagt, in etwa drei Wochen zu rechnen... Ich beschloß, meinen Weg fortzusetzen.

Die Kunstfertigkeit liegt hier im Einführen der Pünktchenreihe an der richtigen Stelle. Falls Sie sich diesbezüglich unsicher fühlen, entscheiden Sie sich besser gegen das Forschungsunternehmen und verlegen lieber den Schwerpunkt auf Ihre Kenntnis ausgefallener Sprachen und Sitten.

Eine der wunderlichsten Gestalten ringsum war Sheering Venshyan, der Hausierer von Manglaubtesnich. Auf den ersten Blick erkannte ich an der Form seines Turbans, daß er von jenseits der Berge stammte, und sprach ihn im, wie ich hoffte, richtigen Dialekt an.
«Wudyanho?» hub ich an. Er aber schüttelte lediglich den Kopf.
«Comongsaarva?» versuchte ich es aufs neue. Mit dem gleichen Resultat. Doch dann löste er für mich das Problem, indem er murmelte «Hoosyersen?» Nun wußte ich, daß er, zumindest ursprünglich, aus dem Norden kam.

Sofern Sie solcherart Sachen schreiben können, wird Ihr Ruf als Sprachenkundiger begründet sein. Sollte Sie indes, wie es einigen Schreibern geht, die Furcht peinigen, däß Sie eines Tages jemandem begegnen, der den Dialekt wirklich spricht, den zu beherrschen Sie vorgegeben haben, täten Sie besser daran, sich der dritten, der militärischen Version zuzuwenden. Diese kann auf zwei Ebenen bewältigt werden, der elementaren oder der höheren. Auf der elementaren Ebene liest sich das etwa so:

Abgesehen von dem Maschinengewehrgeknatter von der anderen Seite der Sierra her war Stille ringsum. Miguel und ich näherten uns der zerstörten Hazienda auf Fußspitzen, vorsichtig nach rechts und links blickend. Plötzlich blieb Miguel stehen und betrachtete prüfend den Boden, indessen ich aufpaßte. Langsam sich wieder erhebend, flüsterte er: «Señor, elf Männer sind vor einer halben Stunde hier entlanggegangen. Ich glaube, sie halten die Hazienda besetzt.» Indem er dies sagte, vernahm ich ein schwaches Klicken, als er sein Gewehr entsicherte. Unsere Augen trafen sich für einen Augenblick, vielleicht – so wußten wir – zum letztenmal. Elf Mann gegen zwei – da kam es auf jeden Schuß an. «Andiamo!» flüsterte ich, und wir rückten vor ...

Diese Methode der Schriftstellerei datiert aus der Zeit des Spanischen Bürgerkriegs. Sie hat schon manchen schriftstellerischen Ruf begründet, weil sie sich unschwer auf Süd- oder Mittelamerika übertragen läßt. Die Militärschriftstellerei auf höherer Ebene erfand der selige Mr. Hilaire Belloc, der seinen Wehrdienst bei der französischen Artillerie in Friedenszeiten abgeleistet hatte. Das machte ihn zu einem Experten für Strategie, und das blieb er – ungeachtet der Erfahrungen zweier Weltkriege – bis auf den heutigen Tag. Es ist zwar unwahrscheinlich, daß irgendein junger Mann Belloc als den Meister der englischen Prosa ausstechen kann; doch als Stratege kann er unschwer nachgeahmt werden.

Das Problem war im wesentlichen der Nachschub. Da der Eisenbahnknotenpunkt Pnom Peng und darüber hinaus die Straße von Kompong Thom unter Artilleriefeuer lagen, mußte General Aix-les-Bains seine Infanterie zumindest in Brigadestärke bis zur Linie des Lam Nam vorrücken lassen. Wenn dies nicht innerhalb von sechs Tagen gelang, würde der Stützpunkt bei Cheon Ksan verlorengehen. Die Entfernung von Pnom Peng nach Lam Nam über die Hauptstraße beträgt immerhin 218 Kilometer. Mit den schon bis Ph Rovieng vorgeschobenen Truppen mußte es allem Ermessen nach so eben noch – aber nur noch so eben – möglich sein, rechtzeitig zum Entsatz einzutreffen. Der Vormarsch begann am 14. März und traf erst am Abend des 17. auf gegnerischen Widerstand, als bei Tamesch ... usw. usw.

Angenommen, Sie haben sich entschieden, ein Forscher zu werden, dann müssen Sie sich als erstes darüber klarwerden, welchen Schutzumschlag das Buch haben soll, das zu schreiben Sie im Sinne haben. Schutzumschläge für Erkundungsreisen gibt es in zweierlei Art: solche mit entblößtem Busen und solche ohne. Sie sind für unterschiedliche Märkte bestimmt; der zweitgenannte Typ zeigt manchmal eine Art Landkarte oder die Silhouette einer Bergkette. Im allgemeinen bringt der erstgenannte Typ das bessere Geschäft, vorausgesetzt, daß die Mädchen attraktiv sind. Die Entscheidung zugunsten eines derartigen Schutzumschlags engt Sie natürlich in der Wahl der Stätten ein, die darauf warten, erforscht zu werden.

Sind diese Präliminarien erledigt, müssen Sie sich als nächstes schlüssig werden, welches Gebiet Sie erforschen wollen. Hier wäre es wiederum falsch, sich zu sehr von dem Charakter des Landes beeinflussen zu lassen. Die Geschichte in groben Umrissen vorher zu entwerfen und dann die dazu passende Szenerie zu finden, ist die bessere Methode. Grundsätzlich brauchen Sie für den Hintergrund einen fotogenen Nebenfluß mit Stromschnellen, Wasserfällen und mindestens einem Krokodil. Berge am Horizont sind ein weiterer Vorteil; für den Vordergrund nehmen Sie am besten ein Eingeborenendorf. Werden Sie sich beizeiten darüber klar, ob es dort Tiger geben soll oder nicht. Da Sie kein Großwildjäger sind, kommen Sie ganz gut auch ohne aus. Haben Sie nichtsdestotrotz das Gefühl, ein Tiger sei unerläßlich, ist es ratsam, einige Standfotos im Zoo zu kaufen, die Sie in das Negativ eines an Ort und Stelle geknipsten Fotos einkopieren lassen. Manche Forscher nehmen eine ausgestopfte Tigertatze mit auf die Reise zwecks Erzielung einer Tigerspur auf dem Boden. Das ist ein durchaus vernünftiges Verfahren, denn nur ein geübter Zoologe wird erkennen, daß die dieserart entstandenen Spuren alle von der kleineren Hintertatze stammen; aber wahrscheinlich liest kein Zoologe solcherart Bücher.

Wer ein Reisebuch schreibt, muß jede Monotonie vermeiden. Geben Sie Ihrer Geschichte einen Höhepunkt. Das ist das einzige Gegenmittel. Im Falle einer Bergbesteigung erreichen Sie den kritischen Punkt in dem Moment der Bezwingung des Mount Wothavyu. Der kleine Steinhügel ist errichtet, die Flagge auf dem Gipfel gehißt, die Sherpas sind beerdigt, und der Abstieg beginnt. Diese Geschehnisse nehmen zwei Drittel des Buches ein; die letzten Kapitel bleiben einer selbstgefälligen Einschätzung der Leistung vorbehalten. Wenigstens ein Kapitel sollte erläutern, weshalb frühere Expeditionen scheiterten, weil sie nämlich die falschen Steigeisen, die verkehrte Ausrüstung, schlechte Karten und die falsche Verpflegung hatten — abgesehen von dem Fehler, von der falschen Seite her und in der falschen Jahreszeit zu starten. Indessen sollten in der Art von Reisebuch, wie wir es hier erörtern, Berge nur eine untergeordnete Rolle spielen. Kletterkunststücke sollten nicht zu stark hervorgehoben werden, außer Sie sind tatsächlich ein geübter Kletterer — was vermutlich nicht der Fall ist. Am besten ist es, eine indirekte Bezugnahme, eine gestellte Kamerastudie und einen bescheidenen Verzicht auf Ruhm einzustreuen, um dann rasch zu etwas anderem überzugehen. Der Höhepunkt Ihres Buches wird also nicht ein jungfräulicher Gipfel oder gar die Tiefe einer unvermuteten Gletscherspalte sein. Aber wie sonst kommen Sie zu einem handfesten Wendepunkt?

Von allen möglichen Höhepunkten ist der «Brand im Eingeborenendorf» wahrscheinlich der beste. Er ist schon manchem Schreiberling zu Hilfe gekommen, der nicht wußte, wie er seine Geschichte zu Ende bringen sollte, und er wird noch auf Jahre hinaus vielen Schreiberlingen gute Dienste leisten. Er ermangelt zwar jeder Spur von Originalität, ist dafür aber dramatisch, endgültig, und er räumt auf. Er gibt eine lebensvolle Schilderung her. Er beseitigt unerwünschte Personen einschließlich der Häuptlingstochter (falls eine solche im Buch auftreten muß). Wenn Sie wollen, kann er die gesamte Dorfgemeinde ausrotten, wodurch die anthropologischen Beobachtungen, die Sie gemacht haben, unwiderlegbar werden. Er erlaubt Ihnen, irgend jemanden zu retten – vielleicht den treuen Träger, der in Stunden der Gefahr niemals von Ihrer Seite wich –, und er schließt die Erzählung auch befriedigend für Sie ab, weil er erklärt, warum Ihre Forschertage vorüber sind:

Als ich vom Kamm des Berges hinüberblickte, wo die letzten Rauchfahnen noch zwischen den Baumspitzen hingen, wußte ich, daß ich nie hierher zurückkehren würde. Warum sollte ich auch? Alles würde anders sein. Die glückliche kleine Dorfgemeinde, die ich gekannt hatte, war nicht mehr. Jetzt würde ich niemals mehr erfahren, was es mit Hocusp Ozchus, dem Medizinmann, wirklich auf sich hatte. Konnte er tatsächlich Tote wieder lebendig machen? Wer weiß? Sich selber konnte er jedenfalls nicht wieder zum Leben erwecken. Daß er über außergewöhnliche Gaben verfügte, davon bin ich dennoch voll überzeugt. Welcher Art sein Geheimwissen auch gewesen sein mag, er nahm es mit ins Grab. Obwohl ich in okkulten Dingen nicht zu den Gläubigen zähle, muß ich zugeben, daß manches, was ich gesehen habe, keine herkömmliche Erklärung zuläßt. Sprechen wir nicht mehr davon. Ich wandte meinen Blick nach Norden und begann den langen Abstieg ... usw. usw.

Mag der dramatische Höhepunkt in einem Buch über eine Forschungsreise nützlich sein, so ist er geradezu lebenswichtig für ein Buch, das bestimmt ist, des Autors Ruf als Sprachenkundiger zu begründen. Der kluge Autor wird deshalb ein Buch dieser Art auf ein zentrales, vorhersehbares Ereignis aufbauen. Ideal für diesen Zweck ist die Krönung eines bislang publizistisch noch nicht ausgeweideten Königs. Am besten ist es, Feierlichkeiten dieser Art in der Eigenschaft als Journalist beizuwohnen. Und es muß nicht unbedingt für die ‹Times› oder den ‹Daily Telegraph› sein. Sie können ebensogut als Korrespondent für das ‹Lehmburger Tagblatt› oder die ‹Geflügelzüchter-Nachrichten› auftreten. Blätter dieser Art akzeptieren gewöhnlich ohne Umstände jemanden, der willens ist, auf eigene Kosten für sie nach Äthiopien oder Nepal zu reisen. Alles, was Sie von dem verblüfften Herausgeber verlangen, ist ein Bestätigungsschreiben, daß Sie als Sonderkorrespondent von ‹Jungmädchenwelt› beauftragt sind, über die Krönung in Lhasa oder Bangkok zu berichten. Dieser Schrieb ist alles, was Sie brauchen, um der gesamten journalistischen Privilegien gewiß zu sein – was gewöhnlich bedeutet, daß man ein Hotelzimmer mit mindestens drei anderen Reportern teilt, zwei davon aus Patagonien und einer aus Tetuan.

Der internationale Charakter der Angelegenheit wird Ihnen die Chance bieten, Ihr linguistisches Können zu zeigen. Am besten geschieht dies mittels einer Serie von bescheidenen Einschränkungen. «Da mein Serbokroatisch recht dürftig ist...», «Zwar verstehe ich Arabisch, doch reicht mein Wortschatz eigentlich nur für das auf Reisen Notwendige. Gleichwohl erläuterte mir der Scheich, daß er einer der strengen Sekten angehört... usw.», «Meine oberflächlichen Kenntnisse des Urdu wurden an jenem Tag arg auf die Probe gestellt.» Die Kunstfertigkeit besteht darin, dem offenen Eingeständnis der Unwissenheit eine Szene folgen zu lassen, von der unschwer auf eine fließende Konversation in der jeweiligen Sprache geschlossen werden kann. Ihre Redlichkeit im folgenden wird dann nicht bezweifelt werden, so daß weitere Ungenauigkeiten kaum noch vonnöten sind.

Wenn Sie mit der Niederschrift Ihres Buches beginnen, ist es überflüssig zu erwähnen, daß Sie als Sonderbeauftragter der ‹Tischtennis-Revue› teilnahmen, weil der Herausgeber Ihrer Versicherung Glauben schenkte, Tischtennis sei die bevorzugte Freizeitbeschäftigung des Dalai-Lama. Sie brauchen sich nur auf «das berühmte Blatt, dessen Berichterstatter ich zu jener Zeit war» zu beziehen und ein- oder zweimal einen Satz über die 35 bis 1500 Wörter umfassenden Telegramme einzuflechten, die Sie in den wenigen freien Stunden als Minimum dessen absandten, was Ihr Nachrichtenredakteur eigentlich erwarten konnte.

Versäumen Sie nicht, von Ihrer Mühe bei der Übertragung des genauen Sinngehalts gewisser Formulierungen zu berichten. «Dieses Gebet», werden Sie schreiben, «bedeutet wörtlich übersetzt ‹Heil, kostbarer Stein in der tausendblättrig leuchtenden Blume›, doch ist es in seinem tiefen und feinen Sinngehalt in Wirklichkeit nicht zu übersetzen.» Das allein genügt schon, um Ihr Ansehen als Orientalist zu begründen. Lassen Sie es damit gut sein, und gehen Sie rasch zu den Nepalesen über, die Kristalleuchter, die ihrer Meinung nach das Ansehen eines Mannes symbolisieren, aus dem Westen importieren. Hegen Sie Ihre Gelehrsamkeit stets unauffällig, fast wie eine Schwäche, deren Sie sich ein wenig schämen.

Betrachten wir nun den dritten «Aufhänger», den Kriegsschauplatz. Irgendwo spielt sich gewöhnlich irgendwann ein kleiner Konflikt ab, manchmal sogar mehrere gleichzeitig, die Ihnen die Wahl zwischen zwei oder drei Feldzügen lassen. Bei Ihrer Entscheidung müssen Sie sich abermals von der Art des Buches leiten lassen, das Sie zu schreiben im Sinne haben. Wollen Sie es mit der höheren oder Bellocischen Ebene versuchen, müssen Sie einen Feldzug mit einem handfesten Gegner auswählen, einem Feind, der in der Lage ist zurückzuschießen. Das mag ein unerwünschtes Gefahrenelement einschließen, aber Sie dürfen nicht vergessen, daß der echte Stratege keine Gelegenheit hat, in die Hör- oder gar

Reichweite feindlicher Gewehre zu geraten. Was er braucht, ist eine Karte, ein Reiseführer, ein Eisenbahnkursbuch, ein Stechzirkel und eine Flasche Cognac. Zugegeben, Kriege dieser Größenordnung – genügend groß, um Strategie notwendig zu machen, aber nicht so groß, daß sie echtes Unbehagen verursachen – sind nicht eben häufig. Das könnte Sie zwingen, Ihre Fehde auf der niedrigeren Ebene zu führen. Diese ist, offen gestanden, weniger attraktiv. Selbst wenn die andere Seite nicht in der Lage ist, auf Sie zu schießen, bleibt ein gewisses Maß an Unbequemlichkeit unvermeidlich. Sie müssen, ob Wüste oder Dschungel, weit genug vorn sein, um das Material zu Ihrer Darstellung zu sammeln. Nur nicht verzagen – haben Sie erst den Hintergrund, ist der Rest einfach. Sie brauchen nur all den Geschichten zu lauschen, die im Schwange sind, und sie in verbesserter Form mit Ihnen persönlich als Hauptakteur nachzuerzählen. Alle Geschehnisse, die Ihnen nur zu Gehör kommen, werden Ihnen passiert sein.

Es ist die von Mendez Pinto und vielen anderen Geschichtenerzählern benutzte Methode. Es gibt klassische Vorläufer jeder Art für den Kunstgriff, den Sie anwenden werden, und das Resultat wird eine sehr faire Beschreibung des Krieges sein. Lediglich von seiner Einförmigkeit wird keine Rede sein, denn die verkauft sich schlecht. Hier wie auch bei anderen möglichen Reisebüchern ist es am besten, die Geschichte im voraus im groben zu skizzieren. Der Höhepunkt wird der Hinterhalt sein, in dem der feindliche Oberhäuptling, von Kugeln durchlöchert, doch trotzig bis ans Ende, stirbt. Sie selber werden als Kriegskorrespondent zugegen sein – etwa für das ‹Elch-Magazin› oder ‹Die Welt der Sonntagsschule› –, und dem Leser wird die Vermutung nahegelegt, daß Sie selber wohl die Patrouille führten, es bloß nicht sagen. Er wird annehmen, Sie hätten gesagt: «Nein, Brian, Sie sollten sich mehr nach Südosten halten und hier auf den Pfad stoßen, genau unter der Höhe 237. Ich denke, Sie werden dann um etwa 15 Uhr bis gut 250 Meter an das Ziel heran sein. Eröffnen Sie aber das Feuer nicht, bevor *der dritte Mann* auftaucht.» All das dürfte die bescheidene Art und Weise offenkundig machen, in der Sie auf Ihrer untergeordneten Rolle beharren, der aber in Wirklichkeit alles Verdienst gebührt.

Ein gut Teil Ihres Ansehens beruht auf Ihre Weigerung, diese früheren Abenteuer zu erörtern. Sie müssen sich in geschickter Zurückhaltung üben. «Ob ich Suaheli kann?» werden Sie murmeln. «Lieber Himmel, nein. Ich habe alles, was ich wußte, längst vergessen. Die Sprache, die ich gern beherrschen möchte, ist Spanisch – ich sollte vielleicht Castilianisch sagen. Vermutlich sprechen Sie diese Sprache, Sir?» Oder jemand stellt Sie als «der Forscher» vor. «Hören Sie nicht auf ihn», bitten Sie flehentlich. «Sie müssen ja denken, ich bin in der Antarktis gewesen! Haben Sie das Buch von Schlittendog über den Südpol gelesen?

Das ist wahrlich ein Expeditionsbericht!» Oder schließlich bittet Sie eine Gastgeberin darum, ihren Freunden doch von Ihren Abenteuern zu erzählen. «Aber wirklich, ich habe niemals jemand einen Schuß abfeuern gesehen. Das Zeug, das ich geschrieben habe, ist alles unglaubliche Aufschneiderei.» Dieses eine Mal werden Sie die Wahrheit sagen. Aber, dessen dürfen Sie gewiß sein, niemand wird auch nur ein Wort davon für bare Münze nehmen.

Das richtige Herkommen, zumindest dem Vernehmen nach, und obendrein sich einen Namen in bezug auf Reisen, Gelehrsamkeit und Abenteuer gemacht zu haben (ob verdientermaßen oder geschickt zurechtgezimmert), verschafft von Anfang an einen beträchtlichen Vorteil. Im Vergleich dazu müssen Ihre weniger aufgeweckten Konkurrenten farblos erscheinen, einer vom anderen kaum unterscheidbar. Aber der nächste Schritt in Ihrer Laufbahn ist noch weit wesentlicher. Ihre Hauptschwierigkeit liegt, wie Sie mittlerweile herausgefunden haben werden, nicht darin, sich das richtige Urteil zu bilden, sondern darin, eine Position zu erlangen, die Urteilsfähigkeit erfordert. Es gibt mehrere Wege, sie zu erreichen: einmal, indem Sie Männern nacheifern, die erfolgreich vorankamen, zum anderen die Teilnahme an einem Fernunterricht für Führungskräfte. Doch auch hier ist die einfachste Methode die beste. Sie besteht darin, das richtige Mädchen zu heiraten.

Wie geht das vor sich?

Als erstes müssen Sie die Magazine der feinen Gesellschaft studieren, in denen Fotos begehrenswerter Mädchen mit Fotos begehrenswerter Landsitze abwechseln. Der mittellose, phantasiebegabte Junggeselle kann sich seinen Landsitz sorgsam auswählen – alle sind verkäuflich – und dann entscheiden, ob das Mädchen auf dem Titelblatt gut zu der Architektur und der übrigen gepriesenen Szenerie passen würde. Manchmal stellt sich heraus, daß sie bereits verlobt ist (eigentlich sonderbar) oder gar mit einem Irgendjemand verheiratet. In anderen Gesellschaftsmagazinen erscheinen genauso vorzügliche Mädchen in Szenen mühevoller Ungezwungenheit. «Der Jägerball von Harkaway auf Canterley Court. Miss Harriet Forrard im Gespräch mit Hon. Archibald Frankleigh-Sopping.» Der Luftschlösser bauende Junggeselle hätte ihr einen Besseren gewünscht – Archibald ist offensichtlich nicht gut genug. Auf anderen Fotos erscheint Miss Patience Softleigh schlichtweg «mit einem Freund». Dann und wann ist ein Mädchen abgebildet, das in Siegerpose den Pokal hochhält, den sie im Fingerhakeln gewonnen hat. Um alle diese Mädchen schwingt ein leichter und vielleicht manchmal irreführender Hauch von «Ich-bin-noch-zu-haben». Einem Junggesellen sei also verziehen, wenn er glaubt, sie wären alle noch frei.

Von Anfang an sollte Klarheit darüber herrschen, daß diese Gesellschaftsfotos nicht die rechte Ausgangsposition gewähren. Bis zu welchem Grade und in welcher Hinsicht diese Mädchen zu haben sind, ist für Sie unerheblich. Der Anhaltspunkt zu dem, was Sie wollen, befindet sich in demselben Magazin, aber auf einer anderen Seite. Der Grundsatz, nach dem Sie Ihre Reisen planten, hieß, zuerst wissen, wie der Schutzumschlag des Buches aussehen würde, das einmal die Frucht dieser Reise sein sollte. Der Grundsatz, nach dem Sie Ihre Verlobung richten, sollte genau der gleiche sein. Sie studieren aufmerksam die Fotos von Society-Hochzeiten, und die allerfeinste davon nehmen Sie sich für Ihren eigenen Zweck zum Vorbild. Sie dürfen getrost unterstellen, daß dem Bräutigam eine gewisse Bedeutung zuerkannt wird, da er als der «kommende Mann» betrachtet wird. Da Sie ebendies zu sein beabsichtigen, werden Sie Ihre Sache dementsprechend einfädeln. Sollte das Foto auf Seite 17 eine Szene vor der Guards-Kapelle wiedergeben – zwei Reihen prachtvoll uniformierter Offiziere bilden mit ihren Degen eine Gasse für das glückliche Paar Captain Lord Utterleigh Broke und seine Braut, die ehemalige Miss Benny Lespender –, so werden Sie erkennen, daß Ihre Hochzeit anders sein muß. Befänden Sie sich in einer gesellschaftlichen Position wie der hier geschilderten, so brauchten Sie weder ein Buch wie dieses zu lesen, noch würden Sie wahrscheinlich überhaupt ein Buch lesen. Nein, das Sie interessierende Foto müßte etwa folgenden Begleittext haben:

Neville Upton-Cumming mit seiner jungen Frau Sheila, geb. Hon. Swellyn, nach der Vermählung, die am 14. Mai in der Kirche von St. Margaret, Westminster, stattfand. Die Braut, die ein Kleid aus Brüsseler Spitzen trug, wurde von ihrem Vater, Lord Innercausus, an den Altar geleitet. Die beiden Brautjungfern, Kusinen der Braut, waren Fräulein Prudence de Benture und Fräulein Marion Fermgilt-Edgerton. Als Trauzeuge war Viscount Hardcurrency erschienen, und unter den Gästen bemerkte man den Herzog und die Herzogin von Cannonstreet . . .

Studieren Sie dieses Foto gründlich, und Sie werden treffend daraus folgern, daß der Brautvater die zentrale Figur ist und Mr. Upton-Cummings Wesen darin besteht, sein Schwiegersohn zu sein. Wenn Sie diesem Sachverhalt noch einen Gedanken schenken, wird Ihnen klar, daß die sogenannte Society sich großenteils aus Schwiegersöhnen zusammensetzt; eine Tatsache, die sich erst seit jüngstem durchgesetzt hat und obendrein eine, deren bislang nur wenige gewahr wurden. Ein Mann «im Kommen» muß begreifen, daß er den Vater hat, den er nun mal hat, und da läßt sich auch nicht viel dran ändern; aber den Schwiegervater kann er sich selber aussuchen.

Von der Wahl eines Schwiegervaters kann überdies viel für Ihre zukünftige Karriere abhängen. Angenommen, Sie haben sich nach und nach durch die Schule gepaukt, einen Weitgereisten aus sich gemacht, ein Diplom in der Tasche und eine Anstellung, dann müssen Sie nunmehr eine gewichtige Entscheidung treffen, nämlich, Ihren Schwiegervater auszuwählen. Halten Sie sorgfältig Umschau, was so an künftigen Schwiegervätern sich in Reichweite befindet. Die Informationsquellen, die zu Rate gezogen werden sollten, zusammenzustellen, ihre Glaubwürdigkeit zu analysieren, zu einer einigermaßen richtigen Einschätzung zu gelangen und die Grundsätze festzulegen, nach denen eine Auswahl erfolgen sollte – all das wäre an und für sich schon eine Doktorarbeit. Hier kann nur versucht werden, einige Illusionen zu zerstreuen und auf ein paar unumstößliche Grundsätze zu verweisen.

Was die Illusionen anbetrifft, so ist vornehmlich angedeutet worden, daß befähigte Männer tatsächlich dazu neigen, mehr Töchter als Söhne zu zeugen. Das Beweismaterial für diese Theorie (ausgenommen vielleicht die Fälle, in denen es sich um Universitätsprofessoren handelt) dürfte indessen nicht ausreichend sein. Vielmehr legte das Beweismaterial, das wir besitzen, eher einen anderen Schluß nahe. Falls beispielsweise unterstellt werden kann, daß jene, denen jüngst die britische Peerswürde als Barone zuerkannt wurde, Männer von Würde, Einfluß und Wohlhabenheit sind (eine Unterstellung, die füglich in Frage gezogen werden könnte), dürfte die Statistik über ihre Nachkommenschaft bezeichnend sein. Von hundert seit 1937 ernannten noch lebenden Baronen sind etwa 23 kinderlos, was im Fall jener, die unverehelicht blieben, begreiflich ist. Der Rest kann sich etwa insgesamt 215 Kinder rühmen, von denen 112 männlich, 103 weiblich sind oder waren. Berücksichtigt man einen gewissen Prozentsatz an Kriegsverlusten, so kann gefolgert werden, daß die Barone als Rasse sich selbst forterhalten, aber auch nicht viel mehr als das.

Die Biologie der Dukes, Marquises, Earls und Viscounts ist in keiner Hinsicht die gleiche; sie wurde des langen und breiten in einem dicken Buch, dem Werk eines bekannten Zoologen, mit dem Titel *Die Fauna der britischen Inseln* abgehandelt. Deshalb wurden aus der Stichprobe der hundert Barone auch jene ausgeklammert, die später zu höheren Adelsrängen aufstiegen. Die Baronsfamilie scheint zwischen 1 bis 8 Mitglieder zu haben. Am häufigsten zählt sie 2 bis 3. An diesen Statistiken deprimiert, vom Junggesellen-Standpunkt aus, daß lediglich 13 Barone nur Töchter haben und 5 von diesen nur ihre weibliche Nachkommenschaft auf eine beschränkten. Mit nur 5 definitiven Alleinerbinnen und 8 weiteren mit jüngeren Schwestern ist das Spielfeld nicht sehr groß und ist es auch niemals gewesen. Und von dieser entmutigend niedrigen Gesamtzahl müssen wir noch die über fünfzig Jahre alten abziehen sowie jene, die bankrott und jene – wahrscheinlich der Rest –, die verehelicht sind.

Auf Grund dieser Zahlen zu verallgemeinern, hieße vorschnell sein, doch würde eine weitere Erforschung nahezu gewiß unsere vorläufige

Schlußfolgerung rechtfertigen, daß die Chancen, mittels Heirat Baronien zu erben, verhältnismäßig gering sind. Der Söhne sind bei weitem zu viele und der einzigen Töchter bei weitem zu wenige. Das sind die traurigen Fakten, denen es beherzt ins Auge zu sehen gilt.

In der Einleitung zu diesem Werk wurde betont, daß einige Beispiele von Erfolg im Leben zwar anfeuernd, aber ziemlich unnütz sind. Wenn der Leser eine Ministerliste zu Gesicht bekommt, die Namen enthält wie etwa Marquis of Salisbury, Earl of Selkirk, Earl St. Aldwyn, Lord De L'Isle and Dudley, Earl of Home, Marquis of Reading, Earl of Munster und Earl de la Warr, mag ihn für einen Augenblick Verzweiflung anwandeln. Er mag denken, sein Erfolgsplan hätte zu einem früheren Zeitpunkt, am besten vielleicht vor rund vier Jahrhunderten, gemacht werden sollen. Der Rat «Werden Sie als Sohn des 5. Marquis of Salisbury geboren» ist unbestreitbar einleuchtend; aber ist er brauchbar? Irgendein Leser mag sich in dieser begünstigten Position befinden; aber dieses Buch wurde nicht für ihn geschrieben. Bücher über das Thema «Wie habe ich Erfolg im Leben» sind auch nicht für Leute gedacht, die als Söhne des 13. Duke of Hamilton and Brandon geboren sind. Diese können vermutlich auch so über die Runden des Lebens kommen; außerdem sind sie, vom Standpunkt des Buchhändlers aus, als Lesepublikum nicht zahlreich genug. Der hier gebotene Rat ist für Männer eines gänzlich anderen Typs bestimmt, Männer mit Ehrgeiz, für die von der Erwählung eines Schwiegervaters vieles, wenn nicht alles abhängt. Es wurde dargelegt, daß es mit ihrer Chance, beträchtliche Güter zu erheiraten, ziemlich im argen liegt. Was sie tun können – was der Leser dieser Seite tun kann (sofern unverheiratet, männlichen Geschlechts und einigermaßen jung) –, ist, in eine einflußreiche Familie einzuheiraten.

Der Leser mag sich fragen, ob dies wirklich durchführbar ist. Es ist tatsächlich durchführbar, und es wird ständig gemacht. Blättern Sie die Seiten der Illustrierten um, bis Sie das Gruppenfoto der Haus-Party auf Schloß Macsporran finden. Schenken Sie den Hauptfiguren der Szene keine Beachtung. Weder der Earl und die Countess of Macsporran noch Mackintosh of Mackintosh, noch Lord Pipeslament, nicht einmal der Honourable Jean Tartan dürfen uns kümmern. Betrachten Sie lieber genau die beiden jungen Männer, die diese Gruppe vervollständigen: Mr. Nigel Smyth und Mr. Christopher Browne. Zunächst leuchtet es nicht ein, warum sie überhaupt anwesend sind. Wieso Smyth und Browne, statt Robinson, Baker und Jones? Was haben sie den anderen voraus?

Das Ganze will einem nicht in den Kopf, aber die Tatsache ihrer Allgegenwärtigkeit ist unbestreitbar. Mittels eines unerfindlichen Vorgangs ist die Anwesenheit von Smyth und Browne unumgänglich geworden. Da stehen sie in ihren Tweedanzügen, und die Gegenwart der Adligen scheint sie nicht einmal besonders verlegen zu machen. Sie sehen eher so aus, als ob ihnen das Schneehuhn-Moor gehöre, was ganz bestimmt nicht der Fall ist. Diese Smyths und Brownes sind die künftigen Schwiegersöhne, die Männer «im Kommen». Die Frage erhebt sich, wie Sie es schaffen können, Ihren Platz neben den Smyths und Brownes zu ergattern.

Ein nützlicher Schritt voran wäre es, Reiten und Schießen zu lernen. Wir dürfen nämlich gewiß sein, daß der Gast, der seine doppelläufige Flinte in den Kilt von Lord Pipeslament entleerte, niemals wieder eine Einladung aufs Schloß erhält. Jedoch muß zugegeben werden, daß dies notwendige Training allein noch nicht das ganze Erfolgsgeheimnis darstellt. Wenn jeder Scharfschütze im August nach Macsporran eingeladen würde, wäre das Moor ungebührlich überfüllt, eine Tatsache, die der Earl und die Countess erkannt haben dürften. Ein nonchalanter Umgang mit Schußwaffen kann unentbehrlich sein, reicht aber gewiß nicht aus.

Wollen Sie dieses schwierige Problem angehen, so lassen Sie nicht den Grundsatz außer acht, der da lautet: Trachte nicht danach, die gesamte Adelsgesellschaft zu beeindrucken. Zweifellos gibt es junge Männer, die bei jedem möglichen Anlaß und unter jedem erdenklichen Vorwand auftauchen, doch können wir ruhig unterstellen, daß Sie nicht zu diesen zählen. Ihnen steht es besser an, Ihren Schwiegervater zu erwählen und Ihren Feldzug von dorther zu beginnen. Ihre Aufgabe ist es nicht, die ganze Peerschaft zu beeindrucken, sondern die gute Meinung eines bedeutenden Mannes zu erlangen. Wer soll dieser Mann sein?

Die Wahl wäre einfacher, wenn die in Frage kommenden Namen in einem einzigen Nachschlagewerk zusammengefaßt worden wären, doch ist bislang nichts Derartiges unternommen worden. Sie werden ohne Nachhilfe begriffen haben, daß Ihre Liste möglicher Schwiegerväter auf Männer beschränkt werden muß, *die Töchter haben*. Mancher junge Mann hat versucht, sich in eines wohlhabenden Bierbrauers oder Zeitungsverlegers Gunst zu setzen, um nachher festzustellen, daß er kinderlos ist oder lediglich Vater von zahllosen Söhnen. Das ist die Folge purer Fahrlässigkeit und verdient kein Mitleid. Der Mann, dessen Beachtung Sie gewinnen müssen, hat einflußreich, wohlhabend und Vater mindestens einer Tochter zu sein. Einer mit mehreren Töchtern wäre natürlich wünschenswerter, da dieser Umstand Ihre Chancen vervielfacht.

Angenommen, Sie haben eine kleine Liste von sechs Namen aufgestellt. Es sind, sagen wir mal, ein schottischer Peer, der unlängst Generalpostmeister wurde, ein Baron aus alter Familie mit Sitz im Parlament und mit einer ungewöhnlich reichen Frau, der Magnat eines Fußball-Pools, der Sultan von Gushing-Arabia, ein griechischer Reeder und ein Zeitungsverleger. Nehmen wir außerdem an, daß aus diesem oder jenem Grund der Generalpostmeister der Mann ist, den Sie für den geeignetsten halten. Nehmen wir ferner an, daß es von ihm heißt, er habe drei unverheiratete Töchter: Angela, Barbara und Caroline, in alphabetischer Reihenfolge geboren und 26, 23 und 19 Jahre alt. Ihrem Vater, 4. Earl of Bonniebanks, gehören die Clanwhiskey-Güter in Ellesdeeside, und er hat außerdem ausgedehnte Interessen in Argentinien, Kanada, Panama und Nicaragua. Die Familie erscheint in jeder Hinsicht als geeignet.

Welche Tochter soll es sein? Der entscheidende Faktor ist das Alter. Eine Frau sollte halb so viele plus sieben Jahre zählen wie der Ehemann. Wenn Sie vierundzwanzig sind, sollten Sie versuchen, sich Caroline zu sichern. Sind Sie einunddreißig – Barbara, sind Sie sechsunddreißig – Angela. Wenn Sie Ihre Karriere mit aller Sorgfalt vorausgeplant haben, müßte demnach Ihre erste Wahl auf Caroline (mit Barbara als Reserve) fallen.

Haben Sie sich insoweit Ihren Zwecken entsprechend entschlossen, fackeln Sie nicht lange, sondern machen sich mit dem Earl und der Countess bekannt. Das mag für den Mann ohne Unternehmungsgeist das Haupthindernis sein. Für den Leser dieses Buches dagegen ist es keineswegs unüberwindlich. Die folgenden Absätze sollten daher mit mehr als der üblichen gespannten Aufmerksamkeit studiert werden. Einer der bekanntesten Experten in moderner Kriegsführung schreibt häufig von der «Strategie des indirekten Vorgehens». Ob das für die Kriegsführung ein guter Gedanke ist, mag dahingestellt bleiben, doch auf das hier zur Erörterung stehende Problem ist das Prinzip zweifellos anwendbar. Dem Earl im ersten Ansturm zu sagen, «Ich möchte eine Ihrer Töchter heiraten», wäre ein taktischer Fehler. Der Anlaß erfordert List, Schläue und Fingerspitzengefühl. Zuvor sich umfassend informieren – das ist des Pudels Kern.

Beginnen Sie Ihre Erkundungstätigkeit mit einer Kartei ausführlicher Notizen über die nächsten Verwandten des Earl und der Countess: Namen, allgemeine Verhältnisse, besondere Interessen, ob sie mit der hier in Frage stehenden Familie auf gutem Fuß stehen, usw. Nehmen wir an, Ihre Karteieintragungen lauten etwa folgendermaßen:

	Name	Verwandt-schaftsverhält-nis	Tatsächliches Verhältnis	Besondere Interessen
1	Viscount Clan-whiskey	ältester Bruder des Earl	spinnefeind	züchtet Angora-kaninchen
2	Lord Ellesdee-side	zweiter Bruder des Earl	neutral	Vorsitzender des örtlichen Jagdklubs

Name	Verwandt-schaftsverhält-nis	Tatsächliches Verhältnis	Besondere Interessen
3 Hon. Philip de Canter	dritter Bruder des Earl	intimer Freund des Earl	sammelt alte Duellpistolen
4 Lady Crystal de Canter	einzige Schwe-ster des Earl, unverheiratet	neutral	Vizepräsiden-tin der Gesell-schaft zur Ver-hinderung von praktisch allem und jedem
5 Mrs. Heather Tartan	älteste Schwe-ster der Coun-tess, verheiratet mit Nr. 6	Intim mit der Countess	begeistert sich für die Stuart-Thronfolge
6 General Dou-glas Bloodwor-thy Tartan	Schwager der Countess, ver-heiratet mit Nr. 5	befreundet mit dem Earl	Rotwildjagd, Lachsfang, beschreibt, wie er den Ersten Weltkrieg ge-wann
7 Miss Ailsa Mc-Gaelic	unverheiratete Schwester der Countess	verfeindet mit jedermann, verabscheut vom Earl	Yoga-Anhän-gerin, verbringt viel Zeit in Ti-bet
8 Miss Bloodwor-thy Tartan	Schwester von Nr. 6	mit der Coun-tess befreundet	Oberin des St.-Agatha-Col-lege für junge Damen

In der Praxis werden Sie wohl mehr als vier Spalten brauchen, doch genügen sie hier, um zu illustrieren, worauf es Ihnen im Grundsatz ankommen sollte. Als erstes entscheiden Sie für sich, wer von beiden der
schwierigere ist — der Earl oder die Countess. Nehmen wir an, es ist der
Earl, den Sie vor allem für sich einnehmen müssen. Die Möglichkeiten
dazu, unter denen Sie zu wählen haben, werden dann wie folgt aussehen:

1. Sie können einen Artikel schreiben, in dem Sie beweisen, daß das
Züchten von Angorakaninchen ein Laster ist, neben dem die Verbrechen
eines Nero zur Bedeutungslosigkeit herabsinken.

2. Sie können ein ungewöhnliches Paar Duellpistolen finden und Nr. 3 bitten, sie zu identifizieren.

3. Sie können der Stuart-Gesellschaft beitreten und sich damit bei Nr. 5 einschmeicheln.

4. Sie können an Nr. 6 schreiben und anfragen, wie nach seiner Meinung der Erste Weltkrieg gewonnen wurde.

5. Sie können behaupten, Nr. 7 sei niemals in Tibet gewesen, oder

6. Sie können Vorträge halten in dem College für junge Damen, dessen Oberin Nr. 8 ist.

Nichts hindert Sie, alle diese Wege gleichzeitig zu versuchen. Eine artistische Glanzleistung wäre es, vor dem Junge-Damen-College über alte Feuerwaffen zu sprechen, und sich die Anwesenheit von Nr. 2, 5, 6 und 7 zu sichern. Benutzen Sie die seltenen Duellpistolen als Anschauungsmaterial und ein Angorakaninchen als Ziel. Töten Sie das Kaninchen mit dem ersten Schuß, und verwunden Sie Tante Ailsa versehentlich mit dem zweiten. Beenden Sie Ihren Vortrag mit dem Hinweis, daß die Stuartkönige niemals Angorakaninchen züchteten und daß der Erste Weltkrieg in letzter Minute von Leuten mit Erfahrung in Rotwildjagd gewonnen wurde.

Erhalten Sie danach keine Einladung nach Schloß Clanwhiskey, wird Ihnen klar sein, daß die Familie nicht der Mühe wert ist. Wahrscheinlicher werden Sie sich jedoch binnen weniger Wochen als geehrter Gast dort einfinden, und Caroline wird vielleicht bewogen, Sie zu heiraten, mag sie wollen oder nicht. Sollte sie ihrerseits irgendwelchen Verkaufswiderstand zeigen, können Sie sich wahrscheinlich Angelas versichern, indem Sie vorgeben, an Barbara interessiert zu sein. Ist die Verlobung bekanntgemacht, werden Sie binnen kurzem in die erlauchten Reihen der Schwiegersöhne der großen Welt aufrücken. Zwei triumphale Augenblicke werden den Vorgang kennzeichnen, noch ehe die Hochzeit stattfindet. Der erste ist der Moment, wo das Gruppenfoto erscheint:

Auf dem Hochmoor von Ellesdeeside. Earl und Countess Bonniebanks, Lady Crystal de Canter, Mrs. Heather Tartan, Hon. Philip de Canter und General D. B. Tartan, D. S. O. (sitzend) Lady Angela und Lady Barbara de Canter mit Mr. Christopher Browne und Mr. Anton Lehser.

Der zweite wird das Erscheinen eines Porträtfotos auf der ersten Seite einer folgenden Ausgabe sein:

Lady Angela de Canter mit Mr. Anton Lehser, dem künftigen Kandidaten für Alltory (West), deren Verlobung unlängst bekanntgegeben wurde.

Das Foto wird stark geschmeichelt sein, da es schon vor etwa sechs Jahren gemacht wurde. Irgendwo in der gleichen Ausgabe wird ein hübsches Bild von Swindlesham Manor, Sussex, dem Wohnsitz von Anton Lehser, auftauchen. Existiert solch eine Stätte? Nahezu mit Gewißheit, möchte man annehmen. Aber sie muß ja nicht unbedingt Ihnen gehören. Ein Herrenhaus ist heutzutage unschwer zu borgen, und ein Foto von einem Herrenhaus noch leichter.

Mit dem Tage Ihrer Hochzeit in einer Kirche, die gerade in Mode ist, gehören Sie endgültig «dazu». Warum? Weil die Verwandten Ihrer Frau es nicht zulassen können, Versager in der Familie zu haben. Die Zuneigung zu Ihnen mag enge Grenzen haben; die Zuneigung zu Ihrer Frau mag im Schwinden sein. Aber mit Ihrem Erfolg steht gewissermaßen ihr eigener Kredit auf dem Spiel. Genauso, wie Sie beiläufig auf sie als Ihre Verwandten verweisen, können sie ihrerseits nicht vermeiden, Sie (weniger oft) zu erwähnen. «Die Supranationale Bankgesellschaft?» werden Sie sagen. «Natürlich kenne ich die. Der Onkel meiner Frau ist Vorstandsvorsitzender.» – «Dorset? Nein, ich war nie dort. Aber mein angeheirateter Onkel unterhält dort einen Jagdhund-Zwinger, und demnächst machen wir dort einen ersten Besuch.» – «Lachsfischen? Dazu hatte ich niemals die Zeit bis auf letztes Jahr, als mich General Tartan auf seinen Herrensitz in Schottland einlud.»

Mit solchen Hinweisen können Sie nichts weiter als Prestige einhandeln. Aber was nun, wenn Geschäftsfreunde bei Lord Bonniebanks nach Angela fragen? «Werden wir Ihre verheiratete Tochter in Ascot treffen?» und «Wie geht es Ihrem Schwiegersohn?» und «Wie ich höre, Lord Bonniebanks, haben Sie einen Enkelsohn bekommen, herzlichen Glückwunsch!» Um des eigenen Ansehens willen kann es Ihr Schwiegervater sich einfach nicht leisten, daß Sie weniger als Direktor sind. Trotz mancherlei Zweifeln an Ihnen wird er danach trachten müssen, daß Sie befördert werden und vorankommen.

Sie sind jetzt einer von denen, die «dazugehören». Sie sind ein Jemand. Doch was wäre Ihr Schicksal gewesen, hätte es sich anders abgespielt? Sie wären ein Niemand oder ein Außenseiter gewesen. Dies sind Begriffe, die wir nun zu definieren haben. Ein Niemand ist ein noch unbeweibter Junggeselle, einer, der ohne Hilfe seinen Weg machen muß, lediglich von dem romantischen Zauber umworben, noch «zu haben» zu sein. Diese Rolle hat gewisse kleinere Vorteile, vorausgesetzt. Sie stehen in der Firmenhierarchie nicht zu weit unten. Die Stenotypistinnen werden bereitwilliger für Sie arbeiten, und Mütter von weniger attraktiven Mädchen werden Sie zu Parties einladen. Da gibt es Gerüchte von Ihrem gebrochenen Herzen, von der Erbin, mit der Sie verlobt waren, die jedoch an Diphtherie starb; von dem Filmsternchen, das am Ende einen anderen heiratete; von der französischen Komtesse, deren Familie die Einwilligung zu dem Bund fürs Leben aus religiösen Gründen versagte, von der österreichischen Prinzessin, die ins Kloster ging, nur um nicht Ihren Rivalen heiraten zu müssen. Solche Gerüchte werden sich ausbreiten – falls Sie selber sie ausgestreut haben – und werden Ihnen nicht weiter schaden. Sie helfen Ihnen allerdings auch nicht besonders. Im Vergleich zu dem Favoriten, dem Herrn Jemand, ist der Herr Niemand in einer schwachen Position; jede Andeutung von Geheimnisvollem in seiner Vergangenheit wirkt sich wahrscheinlich ebenso abweisend wie anziehend aus. Von kleineren Vorteilen abgesehen, liegt das Hauptaktivum des Herrn Niemand in der Tatsache, daß er noch eines Tages zum Favoriten werden, das heißt «dazugehören» kann. Im Vergleich zum Außenseiter ist Herr Niemand zumindest ein Mann mit Zukunft. Er hat noch Trümpfe in der Hand.

Hart dagegen ist das Los des Außenseiters. Sein Fehler war es, das falsche Mädchen zu heiraten. Im allgemeinen passiert das, wenn man zu früh heiratet. Der Außenseiter vergaß nie das blonde Mädchen, mit dem er zur Volksschule ging; er blieb der Brünetten treu, die er als Gymnasiast liebte; er verlor sein Herz an den Rotschopf, der ihm, dem jungen Angestellten, seine ersten Briefe tippte. Welche auch immer es sein mag, er hat sich durch seine Heirat selber an eine Umwelt gefesselt, der er entfliehen möchte. Das blonde Kind aus der Volksschule ist lediglich an Vorortmaßstäben gemessen hübsch, und diese sind natürlich beträblich niedrig. Die Brünette vom Gymnasium war vielleicht die Beste der ganzen Klasse – doch was für eine traurige Klasse muß das gewesen sein! Und was den Rotschopf aus dem Büro angeht, so ist sie bloß das hübscheste von den fünf Mädchen, die noch unverheiratet sind. Gerade den, der nur zum Durchschnittserfolg prädestiniert ist, gelüstet es, das Mädchen von nebenan zu heiraten. Im allgemeinen ist eine solche Frau eine Zeitlang eifrig darauf bedacht, daß Sie weiterkommen, doch sieht sie Ihren Erfolg über einen bestimmten Punkt hinaus nicht gern. Sie wird ihren Vororthorizont behalten. In einem größeren Kreis begünstigterer Bekannter wird sie, was Aussehen, Herkunft, Geist und Wissen anbetrifft, sich selber als unter dem Durchschnitt fühlen. Ihre unausgesprochene Vorliebe gilt einem Kreis, in dem sie den Durchschnitt überragt. Auf dieses Niveau wird sie versuchen Sie festzulegen, und beinahe alles spricht dafür, daß es ihr auch gelingt. Deshalb ist es gewöhnlich verderblich, das Mädchen von nebenan zu heiraten. Von dieser Regel gibt es eine bedeutsame Ausnahme: Eine wirklich schöne Frau kann auf jeder gesellschaftlichen Ebene ihren Weg machen. Mit einem Mädchen von faszinierendem Aussehen verheiratet, kann ein Mann zwar Augenblicke der Beunruhigung zu überstehen haben, im übrigen aber nicht gerade finden, daß sie ihn in seiner Karriere behindert.

Ob ein Mädchen in jeder Hinsicht für Sie zum Heiraten die Rechte ist, läßt sich an einem Schema ablesen, das hier zum erstenmal veröffentlicht wird. Es bedingt sorgfältige Forschungsarbeit und Sachverstand. Wo dies jedoch unmöglich ist oder eine schnelle Entscheidung vonnöten, können die allgemeingültigen Tests auch in Kurzform zur Anwendung kommen. Schauen Sie dem Mädchen in die Augen, um zu wissen, was in ihr steckt. Schauen Sie auf ihre Hände, um zu wissen, was sie kann. Schauen Sie auf ihren Mund, um zu wissen, wessen sie fähig ist. Eine derart eilige Bewertung darf natürlich keinen Anspruch auf Genauigkeit erheben, doch folgt sie wenigstens dem gleichen Schema wie das gründlichere Verfahren. Aus naheliegenden Gründen ist es ratsam, den Test mit Muße zu betreiben, in dem Wunsch, Präzisionsarbeit zu leisten, die, wie wir wissen, letztlich unerreichbar ist; aber trotzdem sollten wir zumindest so wissenschaftlich vorgehen wie nur irgend möglich.

Kategorie	Plusfaktoren	Punkte	Summe
A	Gesundheit und Schönheit	20	
	Vitalität und Energie	10	
	Intelligenz	10	40
B	Guter familiärer Background	20	
	Sportliches Können und Tauglichkeit	5	
	Allgemeinwissen	5	30
C	Treue	10	
	Gute Anlagen und Manieren	5	
	Gesellschaftliche Gewandtheit und Beliebtheit	5	20
D	Vermögen und Erbaussichten	10	10
			100

Kategorie	Minusfaktoren	Punkte	Summe
E	Schlechte Erscheinung und Gesundheit	20	
	Nachlässig und faul	10	
	Dummheit	10	40
F	Unangenehme Verwandte und Bekannte	15	
	Unachtsam und unbeholfen	10	
	Unwissenheit	5	30

Kategorie	Minusfaktoren	Punkte	Summe
G	Treulosigkeit	10	
	Zanksucht und schlechte Manieren	5	
	Eingebildet und unbeliebt	5	20
H	Extravaganz und Verschuldung	10	10
			100

Die vorhergehende Tafel zeigt, daß es acht Hauptqualitätsgesichtspunkte gibt. Die positiven rangieren unter A bis D, die negativen unter E bis H. Mittels einfacher arithmetischer Methoden sollte ein Mann von Ehrgeiz normalerweise jedem Gedanken widerstehen, ein Mädchen zu heiraten, dessen negative Qualitäten die positiven überwiegen; etwa wenn die Formel lautet:

$$E + F + G + H > A + B + C + D.$$

Mädchen mit der Punktzahl Null sind nicht oder sollten nicht sehr gefragt sein. Mädchen mit der Note Positiv können Punktzahlen von 1 bis 100 erreichen, die durch einfache Addition gewonnen werden. Das Resultat ergibt den HW, das heißt den Heiratswert, eingeteilt in Klassen.

Punktzahl	Klasse
100 – 85	I
84 – 70	II
69 – 55	III
54 – 40	IV
39 – 25	V
24 – 10	VI

Mädchen mit einer Punktzahl unter 10 bleiben unklassifiziert.

Der männliche Heiratswert wird mit Hilfe der gleichen Tabelle ermittelt, indem man an Stelle von «Schönheit» in Gruppe A «Gute Erscheinung» setzt und in Gruppe D für «Vermögen und Erbaussichten» die Begriffe «Gehalt, Status und Aussichten».

Ein Mann, der eine Qualifizierung nach diesem Schema unterläßt, legt am besten die ganze Idee ad acta und geht rasch zum nächsten Kapitel über. Wer jedoch die Mühe auf sich nimmt, kann wirklich entscheiden, wie hoch hinaus er streben sollte. Ein Klasse-III-Mann kann begründeterweise davon träumen, ein Klasse-II-Mädchen zu gewinnen, und ein Mann in Klasse I darf normalerweise hoffen, ein Klasse-I-Mädchen zu freien.

Aber der Mann, für den dieses Buch geschrieben wurde, der Mann,

Reich gefreit . . .

... hat nie gereut. Jeder Vernünftige wird zugeben: Der Zweck der Ehe ist nicht die Sicherung der Nachkommen, sondern des eigenen Aus- und Einkommens. Mitgift beseitigt Armut und niedere Herkunft.

Die Ehe als Mittel der Geldschöpfung hat früher hauptsächlich königliche und fürstliche Haushalte saniert. Heute steht dieser Weg endlich jedem Tüchtigen offen. Zugleich ist die Zahl der wohlhabenden Väter und ihrer «mitgiftigen» Töchter gestiegen; denn glücklicherweise hat man inzwischen dem Volke erlaubt, Vermögen zu bilden. Und es macht reichlich Gebrauch davon.

Pfandbrief und Kommunalobligation

Meistgekaufte deutsche Wertpapiere - hoher Zinsertrag - bei allen Banken und Sparkassen

Verbriefte Sicherheit

der seinen Weg nach oben zu machen trachtet, ist selten in Klasse I, da es ihm an gewichtigen Merkmalen in bezug auf familiäre Herkunft, Allgemeinwissen, an Beliebtheit und Einkommen fehlt. Er befindet sich vermutlich bestenfalls in Klasse III. Sein Weg dahin führt, wie wir gesehen haben, über die Heirat mit einem Mädchen von guter Herkunft, mag ihr HW auf IV lauten oder nicht. Auf diese Weise wird er einer von denen, die «dazugehören», ein Favorit. Hätte er hingegen das Mädchen von nebenan geheiratet, sähe er sich wahrscheinlich mit seiner Frau in Klasse V oder VI. Dies hätte ihn automatisch zu einem Garniemand, zum Außenseiter gemacht, weil er um zwei oder drei Klassen unter seinen mutmaßlichen Aussichten heiratete, ohne einen ausgleichenden Faktor vom familiären Background seiner Frau her. Es sei nicht bestritten, daß gelegentlich Außenseiter im Leben vorankommen, doch bedarf es dazu ganz außergewöhnlicher Talente. Einer, der sich hineingeheiratet hat, kommt dagegen selbst dann voran, wenn seine Talente unterdurchschnittlich sind und er tatsächlich keinerlei erkennbares Verdienst aufzuweisen hat. Aus eben diesem Grunde haben wir hier mit so besonderem Nachdruck die Frage der Heirat behandelt. Sollten Sie sich zu früh oder unpassend verheiraten oder sollten Ihre Pläne hinsichtlich einer Einheirat schiefgehen, werden Sie ganz und gar nur auf sich selbst gestellt sein in einer Welt, in der ein harter Konkurrenzkampf herrscht.

EIGENE IDEEN UNERWÜNSCHT

Als junger Angestellter sollten Sie beizeiten lernen, daß Ältere und Höhergestellte Ihren Ratschlägen keinen Wert beimessen. Es ist normalerweise zwecklos, einen Plan für die Reorganisation des Unternehmens an sie heranzutragen, denn ein solcher Plan unterstellt, daß ihm eine Reorganisierung not täte – der kränkendste Vorschlag, den ein Geschäftsmann dem anderen machen kann. Und selbst wenn jemand geneigt wäre, die Anregung aufzugreifen, so doch niemals von Ihnen. Sie, bloß ein kleiner Angestellter, wer sind Sie denn schon, daß Sie den Direktoren erzählen wollen, wie sie den Betrieb führen sollten. Sie unterbreiten Ihr Memorandum in der Erwartung, daraufhin befördert zu werden, und Sie werden alsbald vor dem Generaldirektor stehen, allerdings nicht etwa, um seine Beglückwünschung entgegenzunehmen.

GENERALDIREKTOR: Beim Durchlesen dieses Memorandums, Herr Lehser, fragte ich mich, wer hier eigentlich der Chef ist, ich oder Sie.

LEHSER: Sie natürlich, Herr Generaldirektor.

GENERALDIREKTOR: Ich? Aber augenscheinlich verstehe ich nichts von dem Betrieb. Nach dreißig Jahren in der Industrie brauche ich, wie es scheint, noch den Rat der jüngsten Leute im Büro. Kommt Ihnen das nicht ein bißchen komisch vor, Herr Lehser?

LEHSER: Nein, Herr Generaldirektor, Entschuldigung, ich meine, ja, Herr Generaldirektor.

GENERALDIREKTOR: Sie glauben wohl, meine Methode, ein Unternehmen zu führen, sei überlebt?

LEHSER: Nein, Herr Generaldirektor. Ganz bestimmt nicht, Herr Generaldirektor.

GENERALDIREKTOR: Ist Ihnen klar, daß ich eine langjährige Erfahrung habe? Und ist Ihnen klar, daß Sie keine haben? Und Sie glauben noch, Sie verstünden es besser?

LEHSER: Ja, das heißt, ich meine nein, Herr Generaldirektor.

GENERALDIREKTOR: Ist Ihnen klar, daß schon Angestellte herausgeflogen sind, die nur halb so kränkende Vorschläge gemacht haben wie diesen hier? Erwarten Sie von mir, daß ich bei Ihnen mehr Nachsicht übe?

LEHSER: Ja, Entschuldigung, ich meine natürlich nein, Herr Generaldirektor.

GENERALDIREKTOR *gelassen und ruhig*: Nur in Ihrem eigenen Interesse rate ich Ihnen, Ihre Ideen für sich zu behalten, bis Sie selber mehr

Erfahrung haben. Nehmen Sie getrost an, daß Ihre Vorgesetzten wissen, was sie tun. Seien Sie dessen eingedenk, daß dieses Unternehmen immerhin schon geleitet wurde, ehe Sie überhaupt auf dieser Welt waren. Versuchen Sie sich vorzustellen, daß es ohne Sie weiter existieren könnte. Versuchen Sie zu lernen, nachzudenken und abzuwägen. Unterdessen *plötzlicher Ausbruch*: RAUS!

Diese Art von Audienz trägt weder zu Ihrer beschleunigten Beförderung noch zur Erhaltung Ihres Seelenfriedens bei. Deshalb ist es am besten, die ganze Sache von einer ganz anderen Ecke her anzupacken. Zu diesem Zweck unterstellen wir einmal, Ihr Vorschlag sei vollkommen vernünftig und würde der Firma jährlich eine halbe Million einsparen. Sie haben drei Möglichkeiten, ihn auszuschlachten: 1. Sie können zum Gedeihen des Unternehmens beitragen. 2. Sie können in den Ruf geraten, ein heller Kopf zu sein. 3. Sie können das Gefüge der betrieblichen Rangordnung derart verändern, daß Ihre eigene Stellung bedeutsamer wird, beispielsweise durch Schaffung eines neuen Postens, den nur Sie ausfüllen können.

Die beiden erstgenannten Möglichkeiten können Sie ohne weiteres verwerfen. Das Gedeihen eines Unternehmens (außer es steht tatsächlich auf der Kippe) ist nicht Ihre Sache. Der Ruf, clever zu sein, ist das letzte, wonach es Sie verlangt; er trägt Ihnen auch nichts wie Ärger ein. Nur die dritte Möglichkeit könnte Ihr Handeln rechtfertigen. Und selbst in diesem Falle gibt es hier zwei handfeste Fallstricke, vor denen Sie sich von Anfang an hüten müssen: Erstens wird Ihr Beweggrund wahrscheinlich rasch offenkundig. Zweitens könnte der freie Posten irgend jemand anderem übertragen werden. Wenn Sie Pech haben, wird sich der Ruf eines Intriganten an Ihre Fersen heften, und noch dazu eines erfolglosen. Das ist nicht gerade die Art von Ansehen, die Sie sich erwerben wollen.

Wie oft ist es während des Zweiten Weltkrieges vorgekommen, daß ein Oberstleutnant (im Generalstab) einen Reorganisationsplan entwarf, demzufolge das Hauptquartier beträchtlich erweitert werden mußte. Der General akzeptierte den von dem Oberstleutnant so beredt vorgetragenen Plan und blickte mit Kennermiene auf den neuen Organisationsaufriß.

«Ja, ja, ja», hatte er wohl gemurmelt und seine Brille zurechtgerückt, «eine sehr wirksame Lösung unserer Schwierigkeiten. Nebenbei, ich sehe, daß dieser Organisationsplan eine neue Planstelle für einen Oberst aufweist.»

«Die Höhereinstufung wurde erforderlich», räumte der Oberstleutnant mit bescheidenem Hüsteln ein. «Sie ergab sich aus der Neuverteilung der Aufgaben für die nächstniederen Ränge.»

«Eben, eben», murmelte wohl der General. «Höhereinstufung wird unvermeidlich. Ich werde eine Empfehlung geben müssen.»

Leicht errötend und mit gesenktem Blick konnte der Oberstleutnant nun im Geiste die Sätze formen, die er nach Hause schreiben würde. «Es traf mich», würde er sagen, «vollkommen überraschend...»

«Ja», würde der General sadistischerweise wiederholen, «ich werde eine Empfehlung zu geben haben... und ich kenne auch den rechten Mann dafür. Oberst Kaltstahl von der Ersten Fallschirmjägerdivision, einer meiner ältesten Freunde. Nächste Woche wird er aus dem Lazarett entlassen. Das ist der richtige Mann! (Telefoniert) Geben Sie mir das Etappenlazarett... Gut, ich warte...» Den Blick auf den Oberstleutnant gerichtet, wird er heiter hinzusetzen: «Ja, aber was mache ich nun mit Ihnen?»

Manövrieren Sie sich nicht selber in solch eine Situation. Deshalb ist es wichtig, daß jeder Plan, der Ihres Geistes Kind ist, von jemandem unterbreitet wird, der ehrlich glaubt, die Idee stamme in erster Linie von ihm. Weder Lob noch Tadel kommen dann Ihnen zu, noch kann jemand denken, daß Sie sich zu einer Intrige herbeiließen. Unter allen Verwaltungskniffen ist die Kunst, Ihre Ansichten von jemand anderem zur Geltung bringen zu lassen, wahrscheinlich die bedeutsamste. Auf dem Wege zu diesem erstrebenswerten Ziel ist der erste Schritt der wichtigste: Das richtige Trojanische Pferd zu finden. Es muß jemand sein, dem der Generaldirektor sein Ohr leiht, jemand von den höheren Vorgesetzten, jemand, der Beeinflussungen zugänglich und ohne zu viele eigene Ideen ist. Solch einen Mann gibt es in jedem Unternehmen, und wir werden ihn hier Harry Bumbling nennen.

Er ist eifriges Mitglied des Golfklubs, und dort machen Sie sich an ihn heran. Von Anfang an werden Sie ihm gegenüber eine Haltung ergebener Bewunderung einnehmen. «Ich wünschte, ich verstünde vom Geschäft soviel wie Sie!» seufzen Sie. «Man braucht gewiß jahrelange Erfahrung, um Ihre Sicherheit und Ihr Urteil zu erlangen! Kaum zu glauben», erwähnen Sie nebenbei, «daß ein Mann Ihres Alters sich ein so jugendliches und frisches Aussehen bewahren konnte!» Nicht lange, und Sie werden auf seine kühnen und einzigartigen Ideen zu sprechen kommen können. «Niemand außer Ihnen, Herr Bumbling, hätte diesen Gedanken gehabt. Jetzt wissen wir alle, woher der Generaldirektor seine Ideen bezieht!»

Haben Sie erst eine Beziehung wie zwischen Lehrer und Schüler zu ihm hergestellt, warten Sie auf die nächste festliche Gelegenheit und passen Herrn Bumbling in der Garderobe ab. Sie müssen allerdings weit nüchterner sein, als er es ist.

«Donnerwetter, Harry, Ihr Plan, aus der Abteilung K eine separate Gesellschaft zu machen – ich finde, das ist eine großartige Idee!»

«Was für ein Plan?»

«Mike hat mir soeben davon erzählt, unter dem Siegel strengster Verschwiegenheit natürlich. Und wissen Sie, was ich dazu gesagt habe?»

«Wie sollte ich – ich war ja nicht dabei, oder?»

«Also, ich habe zu ihm gesagt, ‹Mike›, habe ich gesagt, ‹der Mann ist ein Genie!› Und das meinte ich auch.»

«Sie meinten was?»

«Ich meinte es aufrichtig, als ich Sie ein Genie nannte.»

«Warum?»

«Wegen Ihres Planes mit Abteilung K!»

«Welcher Plan?»

«Aus Abteilung K eine separate Gesellschaft zu machen – Mike hat mir davon erzählt.»

«Wer ist denn Mike?»

«Mike Bablock. Aber ich weiß schon, es ist noch geheim, und er hätte es mir nicht erzählen sollen.»

«Natürlich ist es geheim. Warum kann er nicht den Mund halten?»

«Er redet eben zuviel. Aber der Plan ist großartig. Die klügste Idee, von der ich je gehört habe. Schon vom Steuerlichen her. Wirklich, Harry, ein Geistesblitz!»

«Wieso?»

«Na, Ihr Plan mit Abteilung K.»

«Ach so, aber behalten Sie das für sich.»

«Bleibt ganz unter uns. Gehen wir einen trinken?»

«Gute Idee. Ein Geistesblitz!»

«Nein, Sie sind der Mann für Geistesblitze. Wir anderen kommen da gar nicht mit.»

«Wer sagt, daß ich nicht mitkomme?»

«Das habe ich ja gar nicht gesagt. Ach, lassen Sie – trinken wir einen auf Ihren Plan.»

«Welchen Plan?»

Falls Sie die Sache richtig anpacken, wird der gute alte Bumbling die Party mit der vagen Vorstellung verlassen, irgend etwas von ungeheurer Wichtigkeit mit irgend jemandem besprochen zu haben. Am nächsten Tag wird er sich fragen, was er mit wem diskutiert hat. Es liegt bei Ihnen, ihn daran zu erinnern, und zwar am besten telefonisch. Das bringt Gerüchte von der Telefonvermittlung der Direktion aus in Gang.

«Sind Sie's, Harry? Ich denke, ich sollte Ihnen sagen, daß von Ihrem Plan für Abteilung K schon einiges durchgesickert ist – Sie wissen schon, die Idee, die wir gestern abend besprachen. Jedermann redet darüber. Alle halten sie für ganz glänzend!»

42

«Glänzend? Oh, das möchte ich nicht gerade sagen. Im Grunde genommen ist es eine ganz einfache Idee.»

«Eine einfache Idee, die aber keinem anderen gekommen ist! Vor allem war es die Durchführung des Projekts, die mir am meisten Eindruck gemacht hat. Sie haben die Sache bis ins letzte Detail ausgearbeitet?»

«Ob ich was habe? Ach so, ich glaube, daran fehlt es noch ein bißchen!»

«Ich war so tief beeindruckt, Harry, daß ich mir zu Hause gleich einige Notizen gemacht habe. Ich hoffe, sie geben das, was Sie im Sinne hatten, exakt wieder.»

«Vielleicht wäre es besser für Sie, sie mir zur Durchsicht herüberzuschicken.»

«Gern, sofort. Aber mir fällt eben etwas ein. Zwei Schwierigkeiten sind mir aufgefallen. Ich bin sicher, daß Sie die Lösung finden, doch fühlte ich mich verpflichtet, darauf hinzuweisen. Interessiert es Sie?»

«Wir werden sehen. Treffen wir uns doch zum Essen. Um halb eins im County-Club.»

«Vielen Dank. Das ist fein. Es ist sehr freundlich von Ihnen, Fragen der Geschäftspolitik mit mir zu besprechen. Ich als junger Mann kann noch nicht daran mitwirken. Aber ich bin begierig, dazuzulernen.»

«Dabei will ich Ihnen gern behilflich sein. Also um halb eins.»

Das Eintreffen Ihrer Notizen, so unzusammenhängend sie auch sein mögen, wird Bumblings Hauptproblem lösen. Er wird endlich wissen, was er vorgeschlagen haben soll. Es ist nichts besonders Gescheites daran, aber auch nichts offenkundig Unvernünftiges. Ihre Notizen werden mehrere Ungenauigkeiten aufweisen, die er automatisch berichtigen wird. Mindestens ein Wort sollte falsch geschrieben sein, worüber er lächeln kann: Diese jungen Leute wissen rein gar nichts! Mit einem Blick wird er sehen, wie die Dinge in die richtige Form gebracht und gegliedert werden müssen. Kein schlechter Entwurf, immerhin. Mit jedem Korrekturvermerk macht er ihn sich mehr zu eigen. Mit jeder Verbesserung wird die Idee um so definitiver seine eigene.

Beim Mittagessen werden Sie Ihre zwei Einwände vorbringen. Diese müssen mit besonderer Sorgfalt vorbereitet sein. Obgleich gerade plausibel genug, um Interesse zu erwecken, müssen sie eine schnelle und endgültige Lösung gestatten. Der eine Einwand könnte ein rechtlicher Gesichtspunkt sein, etwas wegen des Niederlassungsrechts in Nordirland. «Aber die neue Gesellschaft», sagt Bumbling, «soll doch in Kanada errichtet werden.» – «Ach ja, natürlich!» werden Sie ausrufen. «Wie dumm von mir, das zu vergessen!» Ihr zweiter Einwand kann ruhig ein wenig schwieriger sein, etwas über die für die Erweiterung notwendige

Kapitalerhöhung, weil die Geldanleger nicht mehr die Sicherheit haben, die der Konzern als Ganzes bietet. Auch dies wird ein Kegel sein, der wahrscheinlich schon beim zweiten Wurf purzelt. Mit diesem Manöver vermitteln Sie Bumbling das Gefühl der Überlegenheit. Jetzt hat er zwei Einwände gegen seinen Plan weggewischt. Wer wollte ihm noch widerstreben? Außerdem zerstreuen Sie damit einen etwaigen Verdacht, daß die ganze Idee in Wahrheit von Ihnen stamme.

Warum dachte sich dieser stupide junge Bursche – anfangs war er überhaupt dagegen – immer nur Schwierigkeiten aus! Bislang war er indessen recht behilflich, und er wird fernerhin tüchtig an dem Projekt weiterarbeiten. Unter guter Führung könnte er ein nützlicher Direktionsassistent werden. Bis jetzt ohne allzuviel Initiative, aber das kann ein guter Mangel sein. Nichts ist unerträglicher als ein junger Mann, der glaubt, er könne das Unternehmen leiten. Der junge Lehser kennt seine Grenzen – das spricht zu seinen Gunsten. Originalität stellt sich erst mit größerer Erfahrung ein. Wer weiß, vielleicht hat er eine Zukunft als Direktor. Immerhin ein brauchbarer Mann.

Der Schöpfer des Projektes bekommt demnach von dem Applaus nichts ab? Absolut nichts. Von Anfang an muß er selbst die leiseste Vermutung zurückweisen, die Idee stamme von jemand anderem als Bumbling. Das entspricht einem Hauptprinzip jeglicher Verwaltungsapparatur. Sie lassen Ihre Ideen stets von jemand anderem unterbreiten. Oft beherrscht der große Schweiger den Ausschuß, den Vorstand oder den Magistrat. Verfolgen Sie die entgegengesetzte Taktik und tragen selber Ihre Idee, Ihr Projekt vor in der Erwartung, Anerkennung zu ernten, indem sie aufgegriffen wird, so mag Ihnen das gelingen – doch eben nur einmal. Dank diesem einen Erfolg haben Sie sich eine Opposition gegen alles weitere geschaffen, was immer Sie auch vorschlagen mögen. Haben Sie erst einmal den Ruf des Allzuschlauen, wird man Sie auf eine Tätigkeit von minderer Bedeutung, d. h. auf ein Nebengleis abdrängen. Ihre Karriere wird zumindest bei dem Unternehmen, dem Sie gegenwärtig angehören, ein Ende haben, noch ehe sie recht begann. Sie tun am gescheitesten daran, nach der Lektüre dieses Buches neu anzufangen und auf eine andere Sorte von Leuten einen anderen Eindruck zu machen. In der neuen Firma, der Sie dann angehören, gibt es sicherlich jemanden, auf den der Generaldirektor hört, jemand von den höheren Vorgesetzten, jemand, der Einflüsterungen zugänglich ist, jemand, der selber nicht zuviel eigene Ideen hat. Er ist, wie es sich fügt, eifriges Mitglied des Golfklubs, wo Sie eine Begegnung mit ihm herbeiführen. Von Anfang an werden Sie eine Haltung ergebener Bewunderung einnehmen... Vom Geschäft mögen Sie vielleicht nichts verstehen, aber nun verstehen Sie etwas von der menschlichen Natur.

Im Laufe Ihrer geschäftlichen Karriere werden Sie beständig von Verwaltungs- und Verfahrensexperten hören. Sie werden ihnen begegnen und vielleicht sich fragen, ob das nicht auch eine Laufbahn für Sie wäre. Sie werden schließlich gemerkt haben, daß es schwieriger ist, etwas selber zu tun, als anderen zu erzählen, *wie* sie es tun müßten. Die Versuchung ist beträchtlich, doch Sie sollten ihr widerstehen. Um jegliche Mißdeutung auszuräumen: Dieses Buch enthält nichts, was als Herabsetzung der Betriebswirtschaftsexperten aufgefaßt werden dürfte. Doch dieser Beruf ist nichts für Sie. Ungeachtet dessen werden Sie oft mit Betriebsberatern zu tun haben. Sie tun deshalb gut daran, ihre Gewohnheiten zu studieren und sich mit dem Wesen ihrer Tätigkeit vertraut zu machen. Diese Berater sind ein fester, wichtiger Bestandteil der Wirtschaft überhaupt geworden, prominent, unüberhörbar und unausweichlich.

Es gibt viele Berater, deren Achtbarkeit außer Frage steht, und andere, gegen die Nachteiliges tatsächlich nicht bewiesen werden konnte. Im Gegenteil. Die Beratungstätigkeit ist im Wachsen begriffen. Der Betriebsberater stellt für ein Industrieunternehmen das Gegenstück zum Psychiater oder zum Beruhigungsmittel dar. Er wird auf den Plan gerufen, wenn die Belastung für die Konstitution, das Gleichgewicht und die Nerven des Betriebs sich als zu stark herausstellt. Genauso wie die dem Psychiater anvertrauten Schwierigkeiten sich mildern – weil geteilter Schmerz halber Schmerz ist und weil man sich vergegenwärtigt, daß sie durchaus nichts Einmaliges darstellen –, beruhigt sich schon der fiebrige Puls eines großen Unternehmens, wenn der Betriebsberater nur auftaucht und noch ehe er ein Wort des Rates über die Lippen gebracht hat. «Ja, ja, ja», wird er besänftigend brummeln. «Spätabends noch Licht im Büro, Reibereien wegen der Parkplätze, schlechte Laune beim Mittagessen – all die üblichen Symptome – genau wie in einem Fall, den ich letzte Woche behandelt habe.»

Aber mit dieser ärztlichen Hausbesuchhaltung ist sein Reservoir bei weitem nicht erschöpft. Er hat nicht nur Mitgefühl auf Lager. Früher oder später wird er einen bestimmten Rat erteilen – und genau das ist es, was uns zu denken gibt.

Bei einem Unternehmen, dem ein hervorragender Generaldirektor vorsteht, das von erfahrenen Direktoren geleitet wird, das von Angestellten mit erprobten Fähigkeiten und Eifer überquillt, muß es stets merkwürdig anmuten, daß Außenstehende um Rat gebeten werden müssen, wie die Arbeit verteilt werden sollte. Wenn die Direktoren den Betrieb nicht zu organisieren verstehen, scheint die Frage nicht ungeziemend, was sie verstehen und wofür sie denn bezahlt werden. Man kann sich auch Gedanken darüber machen, aus welchem Grunde angenommen wird, daß außenstehende Berater können müßten, was der Vorstand nicht kann. Diese Fragen, die seit langem die Öffentlichkeit weitgehend verwirren, scheinen eine Beantwortung zu verdienen.

Hier ist sie: Wir können billigerweise annehmen, daß die Berater sehr wenig wissen. Ihr Recht, zu beraten, leiten sie im wesentlichen von ihrer allerersten Handlung ab, indem sie ihr Firmenschild heraushängen: «Hochmuth, Schockmann und Ahnungslos, Betriebsberater» oder «Traurich, Tief und Wurschtler, Rationalisierungsberater». Jedes Ding muß einen Anfang haben, und bei den Betriebsberatern hat es eben diesen. Was taten Ahnungslos und Wurschtler, ehe sie ihre Sachverständigkeit proklamierten? Das ist keineswegs klar. Sie mögen an einem Fernunterricht teilgenommen haben. Oder besuchten sie ein Jahr lang ein Wirtschaftsseminar? Oder ist es ihnen bloß nicht gelungen, auf andere Weise ihren Lebensunterhalt zu verdienen? Doch in was auch immer sie bewandert sein mögen, jetzt sind sie Sachverständige in Sachverständigkeit, selbsternannte Magier der Geschäftswelt. Kaum hängt das Bronzeschild an der Tür, und schon klopft der erste Wirtschaftsführer um Einlaß. In der Schlange der Wartenden auf dem Korridor wird der geschulte Beobachter unter der zunehmenden Menge von Geschäftsleuten nur wenige oder gar keine Regierungsvertreter wahrnehmen. Da ist kein General, der inmitten eines Feldzuges pausiert, Rat heischend, ob er zum Rückzug oder zum Angriff blasen soll. Kein Admiral eilte an Land, um seine Sorgen in ein mitfühlend Ohr zu träufeln. Und sollte der Premierminister unter jenen sein, die sich am Eingang drängeln, müssen wir folgern, daß zumindest sein Vorwand gut ist.

Die Männer im besten Alter, die sich da drängeln, stammen fast ausnahmslos aus der Welt der Industrie und des Handels. Sie sind begabt, entschlossen, energisch und «auf Draht». Der Vorstandsvorsitzer der Firma, die Zelluloidgoldfische herstellt, weiß genau, wie sein Produkt hergestellt, wie dafür geworben und wie es verkauft werden sollte. Der Generaldirektor der Firma, die Plastikballons produziert, versteht, wie es heißt, mehr von Elastizität und Reißfestigkeit als irgend jemand sonst in dieser Mammutindustrie. Der Verkaufsdirektor der Dauerlutscher-GmbH. hat nicht seinesgleichen, was Kenntnisse in bezug auf Klebrigkeit, Holz, Zuckergehalt und Farbenvorlieben anbelangt. Niemand in der dichten Menge, der sein Geschäft nicht verstünde. Nichtsdestotrotz, so scheint es, suchen sie alle den Rat von Traurich, Tief und Wurschtler. Warum, um Himmels willen? Was versteht Traurich von Zelluloid? Genausowenig wie Tief von Ballons und Wurschtler von Dauerlutschern. Welche magische Formel haben diese Sachverständigen zu verkaufen?

Eine sorgfältige Untersuchung hat jetzt die Tatsache erbracht, daß die Kunden, die sich an eine Betriebsberatungsfirma wenden, dies aus einem von zwei Motiven tun. Die einen suchen Sündenböcke für die Reorganisation, die sie bereits beschlossen haben. Die anderen trachten danach, solch eine Reorganisation tunlichst zu verhindern. Das Gegensätzliche an diesen beiden Prozeduren läßt sich am besten unter Anführung zweier jüngerer Fälle darstellen. Aus naheliegenden Gründen werden hier die wahren Namen der Firmen und ihrer Betriebsberater durch rein fiktive Namen ersetzt. Von den beiden betroffenen Gesellschaften wollen wir die erste, Massenherstellerin aufgemöbelter Autos, «Gespannfrei-Wagen-GmbH» nennen. Die zweite, Massenherstellerin vorfabrizierter Häuser, soll «Historische Heimbau-GmbH» heißen.

Die Direktoren der «Gespannfrei-Wagen-GmbH» beschlossen jüngst für ihren Betrieb die Stromlinienform. Sie beschlossen daher, die eine Hälfte ihrer Angestellten hinauszuwerfen und von der anderen ein wenig echte Arbeit zu verlangen. Ihr Problem war nun, wie sie das bewerkstelligen könnten, ohne mitten auf dem firmeneigenen Parkplatz geteert und gefedert zu werden. Um dem zu entgehen, kamen sie überein, daß die erwogene Reorganisation das Werk außerbetrieblicher Berater sein sollte. Deshalb beriefen sie die Herren Hochmuth, Schockmann und Ahnungslos und legten kurz dar, welchen Ratschlag sie von ihnen erwarteten. In einer Situation wie dieser besteht der Hauptvorteil des Beraters darin, daß er nicht auf der Szene zu verweilen braucht. Er legt, einen Fuß in der Kabine des Düsenflugzeugs, seinen Bericht vor und ist schon fünftausend Meter hoch, ehe jemand auch nur den ersten Absatz seines Gutachtens (der ausschließlich Worte des Dankes für die gute Zusammenarbeit enthält) gelesen hat. Diese speziellen Berater arbeiten als Team. Sobald sie bündig informiert sind, worauf es ankommt, gehen sie hurtig ans Werk. Hochmuth ist einfältig herablassend: «Ist dies Ihre neueste IBM?» – «Sie haben wohl, vermute ich, niemals von Grenzkostenkalkulation gehört?» und so fort. Schockmann ist direkt und brutal: «Ihre Verwaltung ist sinnwidrig kopflastig», sagt er mit Bestimmtheit. «Sie sollten etwa 52 Prozent davon abbauen.» Ahnungslos folgt ihm mit einer umständlichen Erklärung, warum die Änderungen nötig sind. Im vorliegenden Fall lassen sich die Ergebnisse ihres Eingriffs in das Unternehmen folgendermaßen zusammenfassen:

a) Die Hälfte der Angestellten wurde entlassen.

b) Ein Elektronenrechner, der zwölf Millionen kostet, wurde als Symbol des Fortschritts angeschafft.

c) Alle Trennwände wurden niedergerissen, so daß ein Riesenbüro auf der Fläche entstand, die früher in Einzelbüros unterteilt war, und die Farben des Hauptbüros, bisher Blaßgelb und Weiß, wurden in Lila und Grau verwandelt.

Ganz anderer Art (auf den ersten Blick) war der Einfluß von Traurich, Tief und Wurschtler auf den Betrieb der «Historischen Heimbau-GmbH». Die Direktoren der «Historischen Heimbau-GmbH» standen unter dem Druck einer Gruppe von Anteilseignern, deren lautstarke Sprecher, die Herren Beller und Beißer, auf eine innerbetriebliche Modernisierung drangen. Was sie genau darunter verstanden, war niemals ganz klargeworden, doch scheuten die Herren nicht die Andeutung, daß die Direktoren in Anbetracht ihrer Verantwortlichkeit für eine altmodische Firma erheblich überbezahlt seien. Angesichts dieser gefährlichen Entwicklung berief der Vorsitzer die Experten. In diesem Fall lautete die Weisung, in ihrem Bericht festzustellen, daß die Organisation des Betriebs (bis auf einen oder zwei Punkte von geringerer Bedeutung) bereits eine perfekte sei. Bei dieser Beratergruppe ist die Arbeitsteilung anders. Traurich schüttelt seinen Kopf. Tief blickt tiefgründig, und hier ist es Wurschtler, der zu einer verschwommenen und verworrenen Erklärung anhebt, warum die Änderungen nötig oder, wie im vorliegenden Fall, nicht nötig sind. Als Ergebnis ihres Eingriffs in die Unternehmung wurden folgende Änderungen vorgenommen:

a) Die Herren Beller und Beißer wurden Mitgeschäftsführer.

b) Ein Elektronenrechner für zwölf Millionen wurde als ein Symbol des Fortschritts angeschafft.

c) Das Hauptbüro wurde durch Trennwände in kleinere Büros unterteilt, und

d) die Farben des Büros, bisher Lila und Grau, wurden in Blaßgelb und Weiß geändert.

Es könnte somit scheinen, als bestünde zwischen dem in beiden Fällen gegebenen Ratschlag ein vollständiger Gegensatz. Ein solcher Gegensatz mag bestehen, doch der springende Punkt ist, daß in beiden Fällen der Rationalisierungsberater etwas tat, was die Direktoren selbst nicht tun konnten. Bei dem einen Fall nahm der Berater die Verantwortung für die Entlassungen auf sich, was unmöglich gewesen wäre für jene, die in der gleichen Umgebung weiterleben wollten. In dem anderen Fall hatten die Gutachter den Anteilseignern zu versichern, daß der Betrieb nun modernisiert sei (was immer auch darunter verstanden werden mochte) und daß es nichts mehr zu meckern gebe. Hinsichtlich der Trennwände und des Farbanstrichs wäre es, nebenbei bemerkt, irrig anzunehmen, einer der Sachverständigen hege für das eine oder das andere jeweils eine besondere Vorliebe. Sie hatten einfach das Bestreben zu demonstrieren, daß etwas getan worden war.

Die soeben umrissenen Fälle sind zweifellos typisch, doch wäre es ein Fehler, anzunehmen, die Sachverständigen hätten niemals irgend etwas Nützliches zu sagen. Niemand mit pädagogischer Erfahrung würde eine derart vorschnelle Unterstellung wagen. Denn er muß augenblicks begreifen, worin der weitere Vorzug der Berater liegt. Jeder Lehrer muß irgendwann erleben, daß er kurzfristig aufgefordert wird, in bezug auf ein Thema zu prüfen, von dem er praktisch nichts versteht. Dem Neuling verursacht ein solch abruptes Ersuchen ein Gefühl des Unbehagens. Dem älteren Lehrer bedeutet es nichts als eine Belästigung; denn er weiß, wie er die Lage meistern muß. Wenn die schriftlichen Arbeiten abgeliefert werden, sortiert er das halbe Dutzend aus, die leserlich, gut formuliert und ausreichend verständig scheinen. Beim Lesen merkt er bald, welche Antworten als richtig gelten sollen – zumindest für die Zwecke dieser Sonderprüfung. Dann streicht er die anderen wegen der anderslautenden Antworten als fehlerhaft an, weil sie vermutlich nicht richtig sind.

Auf die gleiche Art und Weise hat der Rationalisierungsberater die Möglichkeit, ein Unternehmen mit dem anderen zu vergleichen. Er mutmaßt, welches das beste ist, und kann daraufhin die anderen kritisieren, weil sie nicht so sind. Auf diese Weise kann sein Rat, falls er wirklich erwünscht ist – und das kommt sehr selten vor –, überraschend spürbar sein.

Die Biologen erzählen uns, daß Bäume und Pflanzen durch die Bienen bestäubt werden, indem diese von einer Blüte zur anderen wandern – ein heutzutage oftmals mechanisiertes Verfahren, das im wesentlichen aber noch das gleiche ist. Der Rationalisierungsexperte ist die Biene der Industrie, von einem Betrieb zum nächsten brummend, bestäubt er sie. Manche Biene wird standhaft behaupten, daß der Blütenstaub selbstverständlich ihre eigene, durch ein den anderen Bienen unbekanntes Geheimverfahren vervollkommnete Erfindung sei. Solch eine Biene ist ein Schwindler, und der Berater, der vorgibt, eigene Ideen zu haben, ist normalerweise nichts anderes. Ideen wie Blütenstaub stammen von anderen Pflanzen. Und die Intensität dieser Wechselbefruchtung steht in Proportion zur Zahl der Bienen. Alte Imker können sich der Zeiten entsinnen, als sie für ihre Bienenweide Pacht zahlen mußten. Dank fortgeschrittener Erkenntnisse ist es heute der Obstgartenbesitzer, der den Imker für seine Mitwirkung bezahlen darf. Unter diesen Umständen wird die Zahl der Bienen wie die der Betriebsberater anwachsen, wobei die Tatsache, daß man ihrer bedarf, durch die Tatsache bewiesen wird, daß es ihrer so viele gibt. Und es gibt allerlei Situationen, in denen ein Geschäftsmann, ihrer Hilfe ermangelnd, Rat nur von seinen Wettbewerbern heischen könnte. Indessen, der Punkt mag erreicht sein, wo die Experten zu zahlreich geworden sind. Es wäre trotzdem kein Beweis, daß die Bienen an sich nutzlos sind. Angenommen, die Bestäubung kann übermäßig werden, so ändert sich doch nichts daran, daß Bestäubung sein muß.

Übrig bleibt die schwierige Frage, wie die Biene eine gute Blüte von einer schlechten unterscheidet. Angenommen, der Betriebsberater trägt Ideen von einem Unternehmen zum anderen, wie können wir wissen, daß die ausgewählten Ideen die besten sind? Wenn die Prüfer von einem Blick auf die Handschrift her wissen können, welches die richtigen Antworten sind, mittels welcher ähnlichen Methode kann der Betriebsberater irgendein Unternehmen als Modell für die übrigen auswählen? Und unsere Besorgnis diesetwegen wird verstärkt durch unsere Kenntnis von dem, was in Schulverwaltungen alles passiert. Es ist eine bekannte Tatsache, daß Schulinspektoren, von einer Schule zur anderen schwirrend, die schlechtesten Unterrichtspläne von jeder sammeln und sie für alle übrigen obligatorisch machen. Wie sollen wir wissen, daß Betriebsberater nicht das gleiche tun?

Es verstieße gegen die guten Sitten, alle Geheimnisse dieses Berufs zu offenbaren. Doch sind wir hier bei einem Punkt, über den Lernbegierige wohl einen gewissen Anspruch auf Beruhigung haben. Und in diesem Fall ist das Geheimnis vollkommen simpel. Unter den wahren Experten werden Unternehmen auf Anhieb nach dem Aussehen der Bürodamen beurteilt. Direktor A, der kein attraktives Mädchen für sein Vorzimmer finden kann, findet höchst unwahrscheinlich überhaupt je etwas. Sein Ablagesystem kann, ohne einen Blick darauf zu tun, verdammt werden. Wie sollte er es denn machen? Nun, er sollte das von Direktor B angewendete System übernehmen, dessen Sekretärin offensichtlich ein Schatz ist. Wir wissen nicht und es kümmert uns nicht, welcher Art sein System ist, aber diese Wahl hat das Urteilsvermögen des Mannes erwiesen.

Doch sei nicht vergessen, daß die Reize der Sekretärin von der richtigen Art sein müssen. Eine schwüle Sirene ist als Leistungssymbol nicht besser (und womöglich schlimmer) als eine verdrießliche, mittelalterliche Jungfer. Wo kräftige Duftwogen durch das Büro branden, sich am Aktenschrank brechen und sich in den Korridor ergießen, nimmt der Betrieb vermutlich Schaden. Ein tiefer, V-förmiger Ausschnitt kann zu einer Spaltung unter dem männlichen Mitarbeiterstab führen. Den gleichen Effekt kann ein hüftenwiegender Abgang bewirken, so daß Stunden damit verschwendet werden, dem Übel auf den Grund zu kommen. Das Büro – dürfen wir mit Recht folgern – ist für kräftige Sex-Manifestationen nicht der richtige Ort. Ebensowenig der Ort für jene Art von Sexlosigkeit, die Feindseligkeiten anhäuft. Das beste Auskommen gewähren ein offenes und freundliches Verhältnis, eine Zuneigung wie zur jüngeren Lieblingsschwester, ein schwesterlicher Stolz auf die Leistung des älteren Lieblingsbruders, und die vertrauensvolle Haltung eines beliebten Mädchens aller Welt gegenüber. Dies alles ist innerhalb einer halben Minute am Empfang zu spüren.

Noch schneller spürbar sind die entgegengesetzten Anzeichen von

Überheblichkeit, Abweisung oder Frivolität. Das Vorhandensein einer alten Jungfer oder einer Sirene läßt den Experten sofort erkennen, daß der Betrieb in übler Verfassung ist und reif für Reformen.

Was bleibt zu tun – abgesehen von der Anschaffung eines Digital-Computers und abgesehen vom Errichten (oder Beseitigen) der Trennwände? Der Experte wandert in Gedanken zurück zu der letzten durchrationalisierten Fabrik, die er besucht hat. Das war bei Kohlkonserven & Co., wo sie eine über dem Durchschnitt gute Blondine am Empfang hatten. Bescheiden und hübsch, einfach gekleidet, allwissend, hilfsbereit und mit einem flinken Lächeln, war sie offenkundig ein Mädchen, wie es unter tausend nur eines gibt. Und wie war es mit dem äußeren Drum und Dran bei der Kohlfabrik? Der Hintergrund war natürlich von pastellfarbenem Grün. Wie wäre es, die derzeitige Reorganisation mit einer Änderung der Farbgebung zu beginnen?

VON DER RECHTZEITIGKEIT

Die Grundsätze der Wirtschaftlichkeit zu begreifen, wie sie die Experten aufgestellt haben, ist für den strebsamen Wirtschaftler eine dienliche Qualifikation. Diese Qualifikation haben Sie nun. Grundsätze an sich genügen allein jedoch nicht. Sie müssen auch der täglichen Praxis Beachtung zollen; hier gilt als oberste Regel: Sei beizeiten zur Stelle. Diese Regel gilt allgemein, ist aber geradezu lebenswichtig für die Arbeit in Ausschüssen, Beiräten oder anderen Gremien. Es unterliegt keinem Zweifel, daß der Ausschuß eine immer umfänglichere Rolle in Ihrem Leben spielen wird. Bekanntlich sind in manchen Industriebetrieben alle Ausschüsse durch allerhöchsten Erlaß abgeschafft worden. Doch läßt sich so etwas leichter anordnen als durchsetzen. In jeder normalen Gesellschaft kommen die Naturgesetze zur Anwendung. Die Ausschüsse vervielfachen sich an Zahl und Größe. Auch Ihre eigene Bedeutung kann eines Tages von der Anzahl und dem Ansehen der Ausschüsse abhängen, denen Sie angehören. Und im Ausschuß können Sie nichts werden, ehe Sie nicht die Kunst der Rechtzeitigkeit beherrschen, jene Kunst, die auf einer tieferen Ebene Pünktlichkeit heißt. Wie der nachfolgende Dialog illustrieren mag, bedeutet Rechtzeitigkeit mehr, als beizeiten dazusein. Sie bedeutet, beizeiten da und gebührend im Bilde zu sein.

VORSITZER: Können wir nun anfangen? Alle Ausschußmitglieder anwesend? Abgesehen von Dick müssen wir, glaube ich, neun sein. Wir sind aber nur acht. Bob, Arthur, John, Leslie — wo ist Stephan? Richtig, er fehlt noch. Dick, vielleicht rufen Sie ihn am besten an. Mittlerweile wollen wir mit der Arbeit beginnen. Ich darf wohl annehmen, daß alle das Protokoll der letzten Sitzung gelesen haben? Irgendwelche Änderungswünsche? Nein? — Danke sehr. — Nun, meine Herren, möchte ich Ihnen eine geringfügige Änderung der Tagesordnung vorschlagen. Angesichts der Dringlichkeit einer Entscheidung über Punkt 4 möchte ich diesen Punkt als ersten behandeln und erst dann die Punkte 1, 2 und 3. Punkt 4 betrifft den Umbau des Lagerhauses Nr. 10. Wir alle haben das Gutachten des Architekten gelesen; vielleicht mit einiger Überraschung und Betroffenheit. Wir haben auch den Voranschlag der Belüftungsingenieure vor uns liegen, einen Voranschlag, der einige recht überraschende Ziffern enthält. Mehr möchte ich dazu nicht sagen. Die Frage ist nur, ob wir weitermachen oder den ganzen Fall nochmals beraten sollen. Eine Entscheidung ist dringend, weil sie den ganzen Etat der Abteilung beeinflußt. Meiner

Meinung nach weit dringender als Punkt 1, der lediglich die Niederreißung des nicht mehr benutzten Treibstofflagers betrifft, um mehr Parkraum zu schaffen. Wir müssen heute zu einer Entscheidung kommen. *Stephan, atemlos, verwirrt und mit der falschen Akte bewaffnet, tritt ein.*

STEPHAN: Ich bitte um Entschuldigung, Herr Vorsitzender, eine wichtige Sache hat mich aufgehalten.

VORSITZER: Schon gut, Stephan. Wir haben eben erst angefangen. Die Tagesordnung liegt vor Ihnen. Wo war ich stehengeblieben? Ach ja. Die Sache ist dringend, und wir müssen versuchen, eine Entscheidung herbeizuführen. Wir freuen uns, Stephan, daß Sie Zeit fanden, herzukommen; und wir alle können uns vorstellen, wie wichtig Ihre anderen Sachen sein müssen. Unser Problem betrifft nämlich gerade die Abteilung, der Sie vorstehen. Vielleicht sollten wir erst mal Ihre Meinung dazu hören.

STEPHAN *stotternd*: Ich d-d-denke, wir sollten weitermachen, Herr Vorsitzender. Ich meine, angesichts der Dringlichkeit. *Er fummelt in der Akte herum, bei der es sich um Schadensersatzfragen bei Berufsunfällen handelt.*

VORSITZER *erstaunt*: Trotz des Architektengutachtens?

STEPHAN *bedrückt*: Ja. Ich meine, nein. Es läßt sich viel für das eine wie für das andere sagen. Aber die Sache ist, wie Sie sagen, dringend.

VORSITZER: Wir müssen wirklich eine Entscheidung treffen. Es ist höchste Zeit. Aber der Voranschlag der Ingenieure überschreitet den Kostenvoranschlag für das ganze Gebäude. Sie meinen, wir sollten die Zahlen ignorieren?

STEPHAN *versunken*: Ganz so meine ich es nicht. O nein, natürlich nicht.

VORSITZER: Aber trotzdem raten Sie, wir sollten weitermachen?

STEPHAN: Also, wir brauchen den Parkraum, oder etwa nicht?

VORSITZER: Den Parkraum??

BOB *milde*: Wir diskutieren über Punkt 4, Stephan, nicht über Punkt 1.

STEPHAN: Ach so, natürlich, ja. Punkt 4. Ich wußte nicht, daß Punkt 1 bereits behandelt ist. Also zu Punkt 4 . . .

VORSITZER *geduldig*: Darf ich annehmen, daß Sie die gestern in Umlauf gegebenen Unterlagen durchgearbeitet haben – das Architektengutachten und den Voranschlag des Ingenieurbüros?

STEPHAN *lügt*: Selbstverständlich, Herr Vorsitzender, natürlich, und ich bin über die Kostenfrage ebenso betroffen wie Sie selber.

VORSITZER: Die Kosten sind nur die eine Seite des Problems. Die erste Frage lautet doch, ob das Projekt durchführbar ist. Ja oder nein?

STEPHAN: Genau, Herr Vorsitzender, *das* ist die Frage. Da stimme ich mit Ihnen völlig überein.

LESLIE: Was mich anbelangt, meine Herren, mich hat das Gutachten überzeugt, und ich meine, das Projekt sollte als unwirtschaftlich verworfen werden.

ARTHUR: Da kann ich dir nicht beistimmen, Leslie. Mir erscheint das Gutachten als barer Unsinn.

JOHN: Mir genauso. In den Papierkorb damit!

VORSITZER: Aber meine Herren, denken Sie bitte auch an die Voranschläge des Ingenieurbüros.

JOHN: Ganz recht. Und ich schlage vor, wir lassen von einer anderen Firma noch einen Voranschlag machen.

LESLIE: Wozu? Und was nützt es, selbst wenn der neue Voranschlag um zehn Prozent niedriger liegt? Das Projekt wäre immer noch unwirtschaftlich. Finden Sie nicht auch, Stephan?

Bei dieser erdachten Diskussion schwimmt Stephan völlig. Er hatte weder die Sitzung vergessen noch daß er die Unterlagen vorher durcharbeiten mußte. Er hatte sich aber von anderen Dingen die Zeit stehlen lassen mit dem Ergebnis, daß er zu spät in die Sitzung kam – vielleicht drei Minuten zu spät. Die Verspätung an sich machte nichts aus. Fatal war nur sein aufgelöster Zustand. Er hätte besser daran getan, seine Entschuldigung telefonisch vorzubringen und dann, aber mit der richtigen Akte, zehn Minuten später zu kommen. So wären ihm noch fünf Minuten Zeit zur Durchsicht der Unterlagen geblieben. Der Pechvogel Stephan wird, solange die Sitzung dauert, sein Gleichgewicht nicht wiederfinden (dafür sorgt schon der Vorsitzer), und sein Ansehen ist am Ende der Sitzung praktisch auf dem Nullpunkt angelangt.

Rechtzeitigkeit dürfte wohl die einleuchtendste aller Tugenden, die echte Grundlage normaler Tüchtigkeit sein. Doch ist sie nicht ganz so einfach zu erreichen, wie es scheint. Denn der pünktliche Mensch setzt an die Stelle der simpleren Additionsmethode ein Rechenspiel der Subtraktion. Die wichtige Sitzung ist auf 11.45 Uhr angesetzt. Peter Pünktlich nimmt diese Zeit als seinen Ausgangspunkt und rechnet rückwärts. Er muß 11.40 Uhr sein Büro verlassen. Seine Aktentasche und deren Inhalt überprüfen, macht 11.30 Uhr. Seinem Stellvertreter Weisungen erteilen, macht 11.25 Uhr. Noch eintreffende Telefonate umleiten, also 11.23 Uhr. Bleibt noch Zeit, mit Marc zu reden (höchstens zehn Minuten) um, sagen wir, 11.10 Uhr. Und außerdem mit Mac (für den als Schotten braucht er 15 Minuten), das macht 10.55 Uhr. Fernerhin sind noch zwei wichtige Telefonate zu sechs und drei Minuten zu erledigen, deshalb setzt er am besten ab 10.45 Uhr die Nummernscheibe in Bewegung. 15 Minuten für das Durchlesen des Gutachtens und des Voranschlags (Punkt 4 der Tagesordnung) eingerechnet. muß er die Akte auf 10.30 Uhr bestellen. Daraus ergibt sich die Vorverlegung der täglichen Abteilungsleiterbesprechung auf 10.15 Uhr.

Da es jetzt 8.55 Uhr ist, bleiben eine Stunde und zwanzig Minuten für die Tagespost: Ist irgend etwas Wichtiges dabei? Ja, da ist der Bericht von Bagworth – zu mehr als einigen Randnotizen reicht die Zeit nicht. Der Brief von Doddering – muß warten. Hier ist noch etwas, Mary, schreiben Sie denen höflich, aber entschieden Nein. Und denen da alles in allem Ja. Ich sei einverstanden, aber nicht vor dem 28ten. Okay zu diesem Aktenvermerk, aber Nein zu dem anderen. Setzen Sie irgendeine Erklärung hinzu, andere Termine usw. Diese drei in die Ablage, Antwort nicht nötig. Diese zwei nehme ich mir jetzt vor. Den Rest schmeißen Sie weg.

Bekanntlich kommt man nur so mit der Arbeit voran. Aber der weniger fähige Stephan machte es genau umgekehrt. Um 9.00 Uhr stürzte er sich auf die Eingangspost, und seitdem werkelte er voran, brauchte soviel Zeit für dies und das – mit dem Ergebnis, daß er unvorbereitet um 11.48 Uhr in die Sitzung kam. Er addierte statt zu subtrahieren, was als Resultat Zuspätkommen und Durcheinandersein ergibt.

Theoretisch wissen wir das alles, finden es aber schwierig, unser Wissen auf die Praxis anzuwenden. Da gibt es nämlich Hindernisse, und viele davon sind Frauen. Warum? Weil die Hausfrau und Mutter auf einer anderen Wellenlänge arbeiten muß. Für sie spielen sich die Dinge anders ab:

Fränzchen fällt um 5.45 Uhr aus dem Bett. Klein Erna ist krank, vielleicht Masern oder auch Mandelentzündung. Am besten bleibt sie im Bett. Rudi hat verschlafen, muß aber den Schulbus erwischen. Du liebe Güte, der Milchmann hat bloß einen halben Liter hingestellt! Das Telefon klingelt. «Ach, du bist es, Myra! Wie nett von dir, anzurufen. Nein, *wir* haben für den reizenden Abend zu danken. Das Rezept? Ach, das ist ganz einfach, wirklich, aber du brauchst dazu einen elektrischen Mixer. Im Moment kann ich es nicht finden, werde dich aber gleich wieder anrufen.» Fränzchen ist von der Leiter gefallen. Erna will etwas zu trinken. Ist das der Bäcker? Sag ihm, nur *einen* kleinen Laib Brot. Der Staubsauger tut's nicht? Mal gegenstoßen. Na, siehst du! Beim erstenmal dachte ich, es sei die Sicherung. Aber ein Schubs, nicht zu fest, bringt ihn gewöhnlich in Gang. Meine Güte! – Fränzchen ist in die Mülltonne gefallen! Diesmal hat er sich geschnitten. Das Leukoplast liegt im Badezimmerschränkchen, nein, doch nicht, warte mal – ich brauchte gestern etwas und ließ es in der Küche liegen. Das Telefon klingelt: «Aber Herr Wilkens, Sie versprachen mir neulich, rosa Toilettenpapier auf Lager zu nehmen. Bitte, bestellen Sie doch welches. Gut, also sechs Rollen von dem anderen!» Klein Erna hat ihr Zusammensetzspiel auf den Schlafzimmerboden geworfen. Rudi, was tust du denn hier? Der Schulbus ist kaputt? Gut, dann bring ich dich mit dem Wagen hin. Bleib von

Erna weg! Vielleicht hat sie was Ansteckendes! Dabei fällt mir ein, ich muß den Arzt anrufen. «Hallo, Margret! – Danke, mein Schatz. Ich werde gern gegen elf Uhr rüberkommen. Bis dahin!» Wieder das Telefon. «Myra, Liebling! Oh, ich hatte dir das Rezept schon gegeben. Kein Wunder, daß ich es nicht finden konnte. Nett von dir, mich deswegen anzurufen. Wiederhören!» Rudi, habe ich dir nicht gesagt, du sollst aus Ernas Zimmer bleiben. Weshalb bist du trotzdem hineingegangen? Du denkst, du möchtest die Masern kriegen, damit du ums Examen herumkommst. Das gereicht dir aber durchaus nicht zur Ehre. Darüber muß ich doch mal mit deinem Vater reden. Überlege mal, du *hattest* die Masern letztes Jahr und kannst sie nicht schon wieder kriegen. Du meine Güte, was ist denn nun schon wieder los? Fränzchen ist in die Mülltonne *von nebenan* gefallen!

So verläuft der Tag der Hausfrau, und in ihm läßt sich nichts organisieren. Es spielen zu viele Faktoren mit. Da gibt's keinen Anfang und keine Tagesordnung, und niemand kann sagen, wann er endet oder was erreicht worden ist. Frauen arbeiten also auf einer anderen Wellenlänge, und man sollte es dabei belassen.

Ausgenommen für jene, die in der Büroroutine gezähmt oder gar durch sie entweiblicht wurden, ist Pünktlichkeit auch kein Ideal. Sie nehmen nicht einmal den Vorteil wahr, der in der Pünktlichkeit liegt. Infolgedessen ist die Zahl der Unpünktlichen in der Welt groß, was die pünktliche Minderheit veranlaßt, noch mehr Aufhebens zu machen. In dem Bemühen, prinzipiell fünf Minuten eher dazusein, sind sie in der Praxis zehn Minuten früher da. Das verdrießt den Unpünktlichen derart, daß er aus einem puren Gefühl der Pflicht zehn Minuten später kommt. Zumindest theoretisch könnten sie an einem Punkt anlangen, wo sie sich überhaupt niemals treffen. Doch in Sachen Unpünktlichkeit wie bei einigen anderen Dingen tritt die bekannte Tendenz zum Gegenteil ein, sobald ein bestimmter Punkt überschritten ist. Fünf oder zehn Minuten eher dazusein, ist – oder kann es sein – ein Zeichen der Tüchtigkeit. Eine halbe Stunde früher dazusein, macht den Zweck der Übung zunichte. Man spart nicht, sondern vergeudet Zeit. Paradoxerweise kann es sogar damit enden, daß die allzu geschäftige Person tatsächlich zu spät kommt.

Nehmen wir als Beispiel einen Reisenden, der, von New York kommend, auf dem Londoner Flughafen eintrifft, um vierzig Minuten später, sagen wir, nach Hamburg weiterzufliegen. Die Zeit für den Anschluß ist knapp, aber es kann klappen, wenn die eine Maschine planmäßig und die andere nicht zu pünktlich, der Zoll vernünftig und die Entfernung kurz ist.

Doch das Leben ist bekanntlich anders. Die Maschine aus USA trifft elfeinhalb Minuten verspätet ein. Der Zoll hält die Eile des Reisenden für einen uralten Trick. Der Reisende saust durch endlose Korridore und langt der Uhr nach zu spät am Flugsteig 22 an. Er hat's geschafft; der Flug ist noch nicht aufgerufen. Möchte er bitte im Warteraum Platz nehmen?

Keuchend und luftschnappend sinkt der Reisende in einen Sessel. Gott sei Dank, der Flug nach Hamburg hat Verspätung. Allmählich kehren ihm Atem und gute Laune zurück. Um 18.25 Uhr (fünfunddreißig Minuten später) kommt die erste Durchsage. «P. C. A. bedauert, bekanntgeben zu müssen, daß ihr Flug SK 734 nach Hamburg sich aus Betriebsgründen verzögert. Eine weitere Durchsage erfolgt um 19.30 Uhr. Danke.»

Dieses Versprechen wird strikte gehalten, und die neue Eröffnung lautet folgendermaßen: «Achtung, eine Durchsage für die Passagiere nach Hamburg mit den Bordkarten XYZ. Der verspätete Flug SK 734 muß aus technischen Gründen abermals hinausgeschoben werden. Eine weitere Durchsage erfolgt um 20.15 Uhr. Gegen Vorlage der Bordkarten erhalten die Passagiere am Büfett leichte Erfrischungen – der Tee ist fürchterlich und der Kaffee womöglich noch schlechter. Danke.» Durchsagen um 20.12, 21.10, 21.35 und 21.55 Uhr drücken das Bedauern der P. C. A. wegen weiterer Verzögerungen aus psychologischen, sentimentalen, physiologischen bzw. Gründen der Gewohnheit aus. Um 22.20 Uhr kommt eine letzte Durchsage: «Die Passagiere für den verspäteten Flug SK 734 nach Hamburg werden gebeten, sich am Auskunftsschalter einzufinden, wo sie weitere Informationen ihren Flug betreffend erhalten.» Sobald sie versammelt sind, wird ihnen gesagt, daß der Flug sich nunmehr aus meteorologischen Gründen abermals verzögert. Über Hamburg herrscht Nebel. Der Start erfolgt deshalb um 7.15 Uhr früh. Die Passagiere werden in London untergebracht und können ihr Gepäck ein Stockwerk tiefer in Empfang nehmen. Um pünktlich 6.30 Uhr am Flughafen zu sein, ist dafür Sorge getragen, daß die Passagiere um 4.30 Uhr geweckt werden. Nach dem Frühstück um 4.45 Uhr werden die Busse um 5.15 Uhr von den Hotels starten, falls die Wetterbedingungen gut sind. Das Morgengrauen sieht die Passagiere abermals im Warteraum des Flughafens.

Die erste Durchsage des neuen Tages lautet: «P. C. A. bedauert, bekanntgeben zu müssen, daß ihr verzögerter Flug SK 734 jetzt eine weitere Verzögerung erfährt, und zwar aus, wie wir es nunmehr nennen möchten, traditionellen Gründen. Mit einer weiteren Durchsage ist um 8.40 Uhr zu rechnen. Danke.»

Mittlerweile haben eine Ewigkeit in der Vorhölle und ein gemeinsamer Zorn auf die P. C. A. die Passagiere zu Freunden gemacht. Neben dem Reisenden aus USA steht ein Mitopfer, das freimütig eingesteht, P. C. A.-Angestellter zu sein. «Da wir Zeit haben, könnten wir dem Kontrollraum einen Besuch abstatten», sagt er. Gesagt – getan. Der diensthabende Beamte erklärt, wie das System arbeitet. Er sitzt vor einem halbkreisförmigen Wandschirm, auf dem alle Flüge mitsamt allen Verspätungen und Annullierungen erscheinen. «Nehmen Sie zum Beispiel Ihren Flug. Welcher ist es? SK 734 nach Hamburg. Er muß auf dieser Seite sein. Ah, da haben wir ihn schon. Aber um Himmels willen, Sie haben ihn verpaßt! Die Maschine ist vor fünf Minuten gestartet!» Und so war's. Die Maschine flog mit allen anderen Passagieren um 8.25 Uhr ab. Obwohl er fünfzehn Stunden Zeit genug hatte, verpaßte der Reisende sein Flugzeug.

Die Pointe dieser Geschichte ist, daß zu frühes Dasein keine Sicherheit gegen Zuspätkommen bietet. Gerade wer stundenlang Zeit hat, verpaßt den Anschluß, und zwar aus dem guten Grund, weil er Zeit hat, irgend etwas anderes zu tun. Wer es unterläßt, sich auf die Hauptsache zu konzentrieren, für den kann es fatale Folgen haben. Darum ist es am besten, wenn man ein wenig vor der Zeit da ist, aber nicht so viel, daß man durch die Versuchung, dieses oder jenes zu tun, abgelenkt würde – ein Telegramm aufzugeben, eine Postkarte zu schreiben, etwas Geld zu wechseln und an die Bar zu gehen. Konzentration ist das Geheimnis vieler Arten von Erfolg – Pünktlichkeit eingeschlossen. Darum ist es ein gutes Vorhaben, sich zu konzentrieren und den Ruf der Pünktlichkeit zu erlangen. Sei rechtzeitig mit der richtigen Akte zur Stelle, doch nicht verdächtig früh – denn das schmeckt, wieder in anderer Hinsicht, nach Untüchtigkeit. Sollten Sie irgendwo zu früh ankommen, weil Sie Verkehrsstockungen mit einkalkuliert hatten, die an diesem Morgen mysteriöserweise ausblieben, verstecken Sie sich irgendwo in der Nähe und schlendern genau drei Minuten vor Beginn in den Konferenzraum. Doch was bleibt zu tun, wenn Ihr Ruf der Pünktlichkeit durch Untergebene beeinträchtigt wird? Was, wenn Ihr Büro Sie im Stich läßt? Das ist nur allzu leicht möglich und das Resultat ein Schauplatz der Verwirrung:

«Fräulein Linda, bringen Sie mir bitte die Akte für den Personalausschuß!»

«Tut mir leid, Herr Wirrmann, Fräulein Kunterbunt ist noch nicht da. Könnte die Akte in ihrem oder in Ihrem Büro sein?»

«In ihrem. Haben wir den Schlüssel?»

«Herr Findspäter hat alle Schlüssel. Ich werde ihn bitten, sie zu bringen.»

«Ja, danke schön, Fräulein Valerie, aber beeilen Sie sich.»

Fünf Minuten später.

«Tut mir leid, Herr Wirrmann, Herr Findspäter ist noch nicht da.»

«Was kann ich denn bloß tun?»

«Also, zu Herrn Altmanns Zeiten hatte Fräulein Späth ihren Platz hier im Büro. Jetzt ist sie in der Buchhaltung, könnte aber vielleicht noch einen Schlüssel zu dem Zimmer von Fräulein Kunterbunt haben. Ich könnte sie mal anrufen.»

«Gut, tun Sie das – die Sitzung beginnt in fünf Minuten!»

«Sofort, Herr Wirrmann. *Ins Telefon.* Vermittlung, geben Sie mir bitte zwei-fünf-sieben-drei. Ist Fräulein Späth da? Gut, ich warte. Sie holen sie ans Telefon, Herr Wirrmann ... *langes Warten.* Was, Sie können sie nicht finden? Sie glauben, sie ist noch nicht da? Ach so, sie ist irgendwo im Haus ... Edna, bist du am Apparat? Hab ich doch gleich deine Stimme erkannt! Wie geht es dir? Na fein. Du hast nicht zufällig Linda gesehen? Ja?! Sie hat eben hereingeschaut? Tatsächlich? Also, um Himmels willen, wo ist sie denn hingegangen? Wohin? Na, dann brauchen wir Mama überhaupt nicht! Wie bitte? Wieso, ich meine natürlich, Fräulein Späth. Wir pflegten sie hier im Büro stets Mama zu nennen, Abkürzung für Marmelade: Um die Frühstückszeit niemals aufzutreiben, weißt du? Komisch, daß du das nicht weißt! Wie nennt ihr sie denn? Lami? Das ist lustig. Muß ich mir merken. Schluß jetzt, Edna. Seh ich dich am Donnerstag? Wiederhören! – Tut mir leid, Herr Wirrmann, daß es so lange gedauert hat. Fräulein Linda ist schon unterwegs hierher.»

Und was tut mittlerweile Herr Wirrmann? Ging er in die Sitzung, entschuldigte er sich telefonisch, oder traf ihn der Schlag? Eines ist gewiß: Er kann nicht beizeiten da und gründlich im Bilde sein. Schuld daran ist er selber. Er hat es nie begriffen, wie man anderen Leuten Pünktlichkeit beibringt. Dabei ist das sehr einfach. Alle Termine auf ungewohnte Zeiten ansetzen, ist das ganze Geheimnis. Wenn Sie jemand auf 10.30 Uhr bestellen, kommt er um 10.36 Uhr. Für ihn und für die meisten anderen heißt 10.30 Uhr etwa kurz vor der Kaffeepause und bedeutet irgendwann zwischen 10.30 und 10.45 Uhr. Setzen Sie die Abteilungsbesprechung auf 14.00 Uhr an, und die meisten werden gegen 14.10 Uhr eintrudeln. Zumindest für einige bedeutet 14 Uhr eben nach dem Mittagessen. Mehr als das, alle vollen und halben Stunden sind dazu angetan, um zehn Minuten in der einen oder anderen Richtung variiert zu werden. Setzen Sie die Besprechung auf 9.29 Uhr an, und die Leute werden pünktlich sein. Sagen Sie Ihrer Sekretärin, Sie wollen die Post zur Unterschrift um 15.03 Uhr haben, und sie wird auf die Minute hereintreten.

Warum? Vor allen Dingen, weil die angewendete Genauigkeit einen phantastisch knappen Zeitplan anzudeuten scheint, bei dem es auf jede Minute ankommt. Dem gesellt sich eine gewisse Neugier hinzu. Warum müssen wir genau um 10.13 Uhr dasein? Was passiert bis 10.12 Uhr? Ist sein Terminkalender wirklich so voll? Sie werden pünktlich sein, um das herauszukriegen. Und Sie sollten sie dann merken lassen, daß Sie für 10.09 Uhr ein Drei-Minuten-Überseegespräch angemeldet hatten und um 10.29 Uhr ein weiteres erwarten. Somit bleiben sechzehn Minuten für die Sitzung, aber keine Zeit zur Debatte. Für 10.32 Uhr wird ein wichtiger Besucher erwartet. Klar, daß alles auf die Minute klappen muß.

Werden diese krummen Minuten mit der Zeit an Wirksamkeit einbüßen? Werden die Leute aufhören, von Terminen wie 11.17 Uhr oder 16.43 Uhr gebannt zu sein? Wird die Pünktlichkeit mit dem schwindenden Reiz der Neuheit aufhören? Vermutlich nicht. Sollte das jedoch der Fall sein, gibt es eine probate Abhilfe. Führen Sie die halbe Minute in Ihren Zeitplan ein. Verschieben Sie die Zeit für die Abteilungsbesprechung von 10.13 auf 10.12$^{1}/_{2}$ Uhr mit dem Bemerken, die Wichtigkeit des Themas rechtfertige zusätzliche dreißig Sekunden. Werden die Leute das als absurd betrachten? Im Augenblick vielleicht. Und die Zeitspielereien werden wahrscheinlich ohnehin als undurchführbar wieder aufhören. Bis dahin haben Ihre Mitarbeiter aber gelernt, daß dreißig Sekunden eine ziemlich lange Zeit ist. Jedem, der jemals mit einer Handgranate zu tun hatte, ist klar, daß einem sogar vier Sekunden als Ewigkeit erscheinen können. Wer diese Lektion einmal gelernt hat, wird sie niemals vergessen. Die Gefahr im Krieg besteht darin, daß man sie zu gut lernt; wie es dem Handgranatenausbilder erging, dem beim fünfzigsten Lehrgang der Kopf abgerissen wurde. In Friedenszeiten besteht kein vergleichbares Risiko, deshalb können Sie unbesorgt die krummen Minuten einführen und damit allen beibringen, daß Zeit Geld ist und daß dies für die Minuten ebenso gilt wie für die Stunden.

Doch einst wird kommen der Tag, da die Pünktlichkeit Zinsen trägt. Die schwierige Entscheidung muß auf der Sitzung heute nachmittag fallen. Brausewetters Projekt, das Sie mißbilligen, steht erneut auf der Tagesordnung, unterstützt von dem einfältigen Blecher. Der Vorsitzende ruft aus dreihundert Kilometer Entfernung an: «Tut mir leid, aber ich habe mein Flugzeug verpaßt. Das nächste geht erst um 13.45 Uhr. Ich kann daher nicht rechtzeitig zur Sitzung dasein. Würden Sie bis zu meinem Eintreffen den Vorsitz übernehmen? Lassen Sie sich von Flink die Tagesordnung zeigen. Mit ein bißchen Glück sollte ich um 15.15 Uhr dasein. Bis dahin also!» Händereibend lassen Sie Herrn Flink rufen. «Ist das der Tagesordnungsentwurf? Danke. Daran werden wir wohl ein wenig ändern müssen. Punkt 5 rückt besser an die Stelle von Punkt 3 und Punkt 3 kommt erst nach Punkt 8. Setzen Sie noch die neuen Punkte 9 und 10 hinzu. Sonst – ja, so wird's gut sein. Was sagen Sie? Was, einige Herren haben die Tagesordnung gesehen? Aber nein, sie haben sie doch nur im *Entwurf* gesehen. Im übrigen macht's auch nichts, denn an den Hauptpunkten ändert sich ja nichts. Ja, das ist alles. Mann, trödeln Sie doch nicht so herum, los, machen Sie voran!»

Punkt 14.30 Uhr werden Sie die Sitzung eröffnen. Es wird ein bißchen Füßescharren und Geflüster geben, und Herr Abfällich wird seinen Protest vorbringen.

ABFÄLLICH: Es sind noch nicht alle Mitglieder anwesend, Herr Vorsitzender. Ich denke, wir sollten die wichtigen Dinge zurückstellen, bis wir vollzählig sind.

AMTIERENDER VORSITZENDER: Aber Herr Abfällich, alle Mitglieder haben eine Einladung zu dieser Sitzung bekommen; den Durchschlag habe ich hier vor mir. Sie lautet auf, ich zitiere, 14.30 Uhr. Jetzt ist es 14.31 Uhr, und deshalb hat die Sitzung begonnen. Zu Punkt 1 der Tagesordnung: Da keine Änderungsanträge gestellt wurden, darf ich wohl annehmen, daß das Sitzungsprotokoll Ihre Zustimmung gefunden hat. Zu Punkt 2: Wird das Wort gewünscht?

ABFÄLLICH: Dürfen wir erfahren, welche Schritte in Verfolg unserer Entscheidung unter Punkt 7 der letzten Sitzung unternommen worden sind?

AMTIERENDER VORSITZENDER: Diese Frage wird unter Punkt 9 mit behandelt. Sonst noch Wortmeldungen?

ABFÄLLICH: Hat der Schriftführer schon eine Antwort auf den Brief erhalten, den er auf Weisung des Ausschusses, das heißt, ich wollte sagen, in der von uns beschlossenen Richtung, auf die wir uns unter Punkt 8 geeinigt hatten, geschrieben hat?

AMTIERENDER VORSITZENDER: Werfen Sie einen Blick auf Ihre Tagesordnung. Die Frage wird unter Punkt 10 beantwortet. Weitere Wortmeldungen? Schön – weiter zu Punkt 3. Dem Ausschuß wurden Vorschläge gemäß den Empfehlungen des Brausewetter-Gutachtens unterbreitet.

ABFÄLLICH: Ich protestiere, Herr Vorsitzender, nachdrücklich bei diesem Versuch, diese wichtige Sache in Abwesenheit von Herrn Blecher zu behandeln, dem diese Vorschläge so am Herzen liegen.

AMTIERENDER VORSITZENDER: Ich kann mich Ihrer Meinung nicht anschließen, daß der jetzt zur Diskussion stehende Punkt 3 von besonderer Wichtigkeit ist. Alle Punkte sind wichtig, sonst stünden sie ja nicht auf der Tagesordnung. Und falls einem davon eine gewisse Priorität gebührt, dann doch wohl Punkt 5 oder 7. Und was das Fernbleiben eines Mitglieds betrifft, spiegelt es vermutlich dessen Meinung über diesen Ausschuß und seine Arbeit wider. Ich fühle mich jenen Herren außerordentlich verbunden, die es für ihre Pflicht halten, anwesend zu sein. Zu Punkt 3: Wir haben auf früheren Sitzungen, der vom 25. März und der vom 11. Mai, ausführlich über diese Sache diskutiert. Nach der ersten forderten wir weitere Unterlagen an, die wir daraufhin auch erhielten. Auf der zweiten kamen wir überein, die Entscheidung zu vertagen, bis die finanzielle Seite abgeklärt sei. Dies ist jetzt der Fall. Die Sache kann nicht endlos hinausgeschoben werden, und meiner Meinung nach sollte sie jetzt entschieden werden. Keinesfalls jedoch wollen wir alle bereits vorgebrachten Argumente erneut zur

Sprache bringen. Ich schlage daher vor, bei allen derartigen Wieder-
holungen das Wort zu entziehen. Ich darf annehmen, daß allen Anwesenden die alten Argumente bekannt sind, und bitte, nur neue
Argumente vorzutragen. Innerhalb dieser Grenzen stelle ich nunmehr
Punkt 3 zur Diskussion.

ABFÄLLICH: Ich beantrage, daß der Ausschuß im Prinzip die Empfehlung
des Brausewetter-Gutachtens annimmt.

AMTIERENDER VORSITZENDER: Wird dem zugestimmt?

FLÜCHTIG: Ja, ich.

AMTIERENDER VORSITZENDER: Herr Tiftler?

TIFTLER: Ich beantrage eine Abänderung dahingehend, daß wir dem Antrag noch hinzusetzen «vorausgesetzt, daß unserem Betrieb keine Kosten daraus erwachsen».

HALTGUT: Ich schließe mich diesem Änderungsvorschlag an.

ABFÄLLICH: Ich stelle anheim, Herr Vorsitzender, aber das ist kein Abänderungsantrag; er macht den Hauptantrag unwirksam.

TIFTLER: Durchaus nicht, Herr Kollege. Ich stimme dem Hauptantrag zu,
vorausgesetzt, die Gelder dazu kommen aus einer anderen Quelle.

AMTIERENDER VORSITZENDER: Der Abänderungsantrag ist in Ordnung.
Möchten Sie noch etwas zu dem Abänderungsantrag sagen, Herr
Tiftler?

TIFTLER: Nicht mehr, Herr Vorsitzender, als daß unsere finanzielle Lage
keine Ausgaben für dieses Projekt erlaubt.

AMTIERENDER VORSITZENDER: Herr Abfällich?

ABFÄLLICH: Herr Vorsitzender, das ist haarsträubend! Das Brausewetter-
Gutachten ist wohl das einleuchtendste Dokument, das uns je vorge-
legen hat. Hier wird ein langfristiges Entwicklungsprojekt unterbreitet, das zudem...

AMTIERENDER VORSITZENDER: Sie müssen sich zu dem Abänderungsantrag äußern, Herr Abfällich, der ja den Wert des Projektes nicht in
Frage stellt. Haben wir das Geld dafür übrig?

ABFÄLLICH: Ich würde eher fragen, ob wir es uns leisten können, das
Geld dafür zu sparen. Bedenken Sie die Vorteile des...

AMTIERENDER VORSITZENDER: Wir haben das bereits am 25. März bedacht,
Herr Blecher hat sich eingehend darüber geäußert.

ABFÄLLICH: Dann bedenken Sie die Kritik, die wir einheimsen und wahrhaftig verdienen werden, falls wir uns diesen Vorschlägen versagen.

AMTIERENDER VORSITZENDER: Diese Frage wurde eingehend am 11. Mai
erörtert.

ABFÄLLICH: Ich protestiere gegen die Art und Weise, wie diese hochwich-
tige Sache hier behandelt wird.

AMTIERENDER VORSITZENDER: Ihr Protest wird ins Protokoll aufgenommen. Möchte noch jemand etwas sagen? Dann könnten wir wohl über

den Abänderungsantrag abstimmen. Wer stimmt dafür? Drei. Dagegen? Zwei. Der Abänderungsantrag ist angenommen. Kommen wir also nun zum Hauptantrag. Möchte dazu noch jemand das Wort ergreifen? Nein? Dann können wir nunmehr über den Antrag von Herrn Abfällich abstimmen. Wer ist dafür? Fünf. Jemand dagegen? Keiner. Einstimmig angenommen. Weiter zu Punkt 4. Neuer Vertrag über die Lieferung von Bürobedarf. Sie werden sich entsinnen, meine Herren, daß wir neue Angebote angefordert haben, unter denen das von der Firma Eifrig & Scharf das günstigste zu sein scheint. Allerdings ist es auch eine Frage der Qualität. Herr Haltgut?

HALTGUT: Also, meine Herren, ich habe einige Papiermuster von ... *Die Herren Blecher und Bieder treten ein.*

BLECHER: Ich bitte um Entschuldigung, Herr Vorsitzender, daß ich so spät komme. Eine Verkehrsstockung.

AMTIERENDER VORSITZENDER *sanft*: Macht nichts. Es ist sehr freundlich von Ihnen, die Zeit für uns zu erübrigen. Wir sind bei Punkt 4. Lieferung von Bürobedarf. Herr Haltgut?

HALTGUT: Ich habe, wie gesagt, einige Muster geprüft. *Geht ins Detail.* Darum empfehle ich die Annahme des Angebotes der Firma Leidlich & Streber.

BLECHER: Zur Tagesordnung. Herr Vorsitzender, ist Punkt 5 schon behandelt worden?

AMTIERENDER VORSITZENDER: Nein, Herr Blecher, er kommt *nach* Punkt 4, bei dem wir eben sind.

BLECHER: Aber das Brausewetter-Gutachten ...?

AMTIERENDER VORSITZENDER *freundlich*: Punkt 3? Der kommt *vor* Punkt 4.

BLECHER: Wollen Sie damit sagen, daß in meiner und Herrn Bieders Abwesenheit darüber entschieden worden ist?

AMTIERENDER VORSITZENDER *schmeichlerisch*: Ihr Standpunkt wurde geschickt von Herrn Abfällich vertreten. Es wird Sie freuen zu hören, daß sein Antrag einstimmig durchging. Punkt 4, Herr Haltgut?

HALTGUT: Ich schlage die Annahme des Angebots der Firma Leidlich & Streber vor.

AMTIERENDER VORSITZENDER: Stimmen alle Anwesenden zu? Danke. Punkt 5. Sozialfürsorge-Plan für die Angestellten. Memorandum C wurde vor der Sitzung als Anlage zur Tagesordnung in Umlauf gesetzt. Herr Bieder?

BIEDER: Die Verbesserungen, die ich im Sozialwerk für die Angestellten erzielen möchte, sind auf Seite 32 zusammengefaßt. Ich möchte sie, wenn ich darf, der Reihe nach durchgehen ... *Der Vorsitzende betritt eilig das Zimmer, der Amtierende Vorsitzende räumt den Stuhl.*

VORSITZENDER: Ich bitte um Entschuldigung, meine Herren, daß ich so spät komme. Ich habe das Flugzeug verpaßt, das mich beizeiten her-gebracht hätte. Ich darf wohl mit Recht für mich in Anspruch nehmen, daß so etwas bei mir äußerst selten vorkommt. Gewöhnlich bin ich der pünktlichste Mensch, weil ich von klein auf gelehrt wurde, daß es im Geschäft darauf ankommt, rechtzeitig zur Stelle zu sein. Ja, meine Herren, wie ich immer sage, Rechtzeitigkeit lohnt sich!

ALLE: Hört, hört.

Bei Beginn einer Sitzung anwesend und gründlich vorbereitet zu sein, ist die erste, aber nicht die einzige Regel. Um durch geschickte Ausschußarbeit in der Welt voranzukommen, der Reihe nach über den Geschäftsführer, den stellvertretenden Vorsitzenden Ihren Weg bis zum Vorsitzenden zu machen, benötigen Sie eine umfassende Kenntnis, wie Ausschüsse, Aufsichtsräte, Vorstände und ähnliche Komitees arbeiten, sich ausweiten und verästeln. Die Lehre über diesen Gegenstand heißt heutzutage Komitologie. Und da es nie Ihr Streben sein sollte, sich in rein akademischer Forschung zu verlieren, tun Sie gut daran, die Grundelemente dieses Wissenszweiges zu meistern, ja mehr als das, Sie sollten dem gegenwärtigen Trend folgen – und zumindest in großen Umrissen – wissen, welches die allerjüngsten Entdeckungen sind. Die Komitologie zieht weltweites Interesse auf sich, und nur eine Handvoll Menschen kann es sich leisten, die Errungenschaften dieses jüngsten wissenschaftlichen Zweiges der Biologie zu ignorieren.

Bekanntlich wurde die Hauptarbeit dem Institut für Komitologie aufgeladen, dessen Hauptgebäude in London, zwischen Waterloo Station und County Hall, errichtet wurde. Dort stellte es sich als dienlich heraus, Forschungsaufgaben unter verschiedene Abteilungen aufzugliedern bzw. zu spezialisieren in Historie, Evolution, Gegenwärtige und Künftige Entwicklungen, Comparative Vorsitzerei und Pathetischer Honsektizismus sowie Internationale Komitologie. Um sich einen umfassenden Überblick darüber zu verschaffen, was alles auf diesem Gebiet getan wird, sei der Leser auf das von Spähert-Schnüfflert herausgegebene und 1960 bei Oxford University Press erschienene dreibändige Werk *Theoretische und Angewandte Komitologie* verwiesen. Hier reicht der Platz nur zu einem höchst flüchtigen und oberflächlichen Kommentar, einer eher umrißhaften Darstellung alles dessen, was dort in Angriff genommen ist. Eine der ersten Entdeckungen der Abteilung Historie war beispielsweise die Erkenntnis, daß das Wort «Komitee» (Ausschuß) ursprünglich einen Singular bezeichnete. Der Ausdruck wurde nach *Palgraves Wörterbuch der politischen Wissenschaften* angewandt auf

... eine mit der Wahrnehmung der Interessen eines Irren beauftragte Person. Komitees werden nur für jene Irren bestellt, deren geistiges Unvermögen außer Frage steht.

Mit der ständig wachsenden Zahl an Irren war es nur logisch, die Zahl

ihrer Repräsentanten von einem auf drei zu erhöhen, so daß das Wort
«Komitee» (Ausschuß) ein Hauptwort der Mehrzahl wurde. In eben
dieser Form tritt heute der Ausschuß in Erscheinung. In seiner Geburts-
stunde – bekanntlich der Augenblick, da der Ausschuß tatsächlich gebil-
det wird – ist er ein drei bis fünf Mitglieder umfassendes Gebilde. Nun
steht fest, daß der *embryonische* Ausschuß drei und schwerlich weniger
zählt. Ohne diese Anfangszahl wäre es unmöglich, einen Vorsitzenden
zu wählen, einen Schriftführer zu bestellen und noch mindestens ein
Mitglied übrigzulassen. Und mit drei tatsächlich Anwesenden kann
nützliche Arbeit getan werden. Was aber, wenn ein Mitglied oder gar
zwei Mitglieder fehlen sollten? Um dieser Möglichkeit willen tritt eine
erste Erweiterung der Mitgliederzahl ein, wobei alle angeführten Argumente auf die Schwierigkeit verweisen, eine beschlußfähige Versammlung zu bilden.

Die klassische Form ist deshalb unzweifelhaft ein Fünfer-Ausschuß
der bei drei Anwesenden beschlußfähig ist. In der Abteilung Evolution
studiert das Institut die Probleme des Wachstums und der Ausweitung
jetzt unter dem Mikroskop. Sobald das Anwesenheitsproblem mittels
einer Vergrößerung des Ausschusses (was eine größere Abwesenheits-
quote zuläßt) zeitweilig gelöst ist, setzt dementsprechend der Prozeß
der Expansion ein: Der Ausschuß wächst und sprießt, treibt Unterausschüsse und streckt seine reich beladenen Zweige aus. Er gedeiht und
blüht oben und unten, stolzgeschwellt ob seiner öffentlichen Tätigkeit,
die in merkwürdigem Gegensatz zu dem wurmgleichen Tun steht, das
sich unter der Oberfläche vollzieht. Zur richtigen Zeit wird er schließlich
hohl und stirbt ab, den Samen verstreuend, aus dem weitere Ausschüsse
sprießen.

Dem mit der Evolution vertrauten Komitologen ist der ganze Lauf der
Natur von der Saat bis zur Ernte bekannt. An Studienmaterial ist ganz
gewiß kein Mangel. Die bei der jüngsten internationalen Konferenz des
Instituts abgelesenen Vorträge förderten allerlei zutage, beispielsweise
über den «Ausschuß für Öffentliche Sicherheit», den «Ausschuß für
gegenseitige Unterrichtung», den «Ausschuß für die allgemeingültige
Auslegung des Begriffs Unterwasserbeschuß» und über das «Amerika-
nische Komitee zur Flaggenbeschränkung». Mit der Erwähnung nur einiger dieser starken Beispiele sei der ganze biologische Zyklus von der
Zeugung bis zur Reife, von der Altersschwäche bis zum Tod vor Augen
geführt.

Die Grundprinzipien der Komitologie wurden in der Abteilung Evolution des Instituts erarbeitet. Gegenwärtige wie künftige Trends sind in
den Blättern beschrieben und vorausgesagt, welche die Abteilung Gegenwärtige und Künftige Entwicklungen herausgibt. Es ist nichtsdesto-

weniger klar, daß der sensationellste Fortschritt sich auf den beiden verwandten Gebieten der Comparativen Vorsitzerei und des Pathetischen Honsektizismus vollzog. Die Resultate dieser Forschungsarbeit sollten zumindest in groben Umrissen weiteren Kreisen vertraut sein.

Gelehrte auf dem Gebiet der Comparativen Vorsitzerei haben sich auf eine Unterteilung ihrer Arbeit in vier Hauptrubriken geeinigt: I. Lahmanismus, II. Blah-blahnismus, III. Arroganismus und IV. Konfusionismus. Die Gelehrten nehmen als erwiesen an, daß es das Ziel jedes Vorsitzenden ist, mit einem Minimum an Kraftaufwand seinen eigenen Kopf durchzusetzen. Die Vorsitzenden werden daher entsprechend der von ihnen geübten Methode eingestuft.

Betrachtet man diese Methoden der Reihe nach, so legt die Technik des Lahmanisten es darauf an, eine angeregte Diskussion zu verhindern. Er ist bemüht, eine flaue und unlustige Atmosphäre zu schaffen, in der es auf nichts anzukommen scheint. Sein einfachster und vielleicht bester Trick besteht darin, sich halb oder total taub zu stellen.

«Punkt 7. Antrag von Herrn Nadelstich-Miesnick betreffend Erhöhung der Spesensätze. Darf ich annehmen, daß dieser Antrag verworfen wird?»

«Herr Vorsitzender, mir will scheinen, daß . . .»

«Irgendwelche Bemerkungen? Nein? Also gut, der Antrag ist abgelehnt. Punkt 8 . . .»

Nur ein aufdringlicher Mann mit außerordentlich kräftiger Stimme kann die Aufmerksamkeit des Vorsitzenden auf sich lenken oder sonstwie klarmachen, daß Tagesordnungspunkt 4 noch zur Diskussion steht. Es gibt verschiedene andere Arten, die Erörterungen abzuwürgen, und der eingefleischte Lahmanist beherrscht sie natürlich alle.

Der Blah-blahnist erzielt das gleiche Resultat mit anderen Mitteln. Im Kern beruht seine Technik darauf, den Ausschuß mit Wissenschaft zu blenden. Fakten und Zahlen werden flugs erwähnt, er wedelt mit graphischen Darstellungen hin und her und legt sie beiseite, er entrollt Diagramme und entfaltet Tabellen, und er führt technische Einzelheiten an, deren Kenntnis er als selbstverständlich voraussetzt. Der Ausschuß wird mit einer Flut von Prozentsätzen, Grundtendenzen und dergleichen überschwemmt, so daß die Mitglieder taumelig und benebelt sind, wenn die Sitzung beendet ist. Blah-blahnismus ist heutzutage in allen Tätigkeitsbereichen verbreitet, gelangt aber zu sagenhaften Ausmaßen unter jenen Leuten, die mit Erziehung zu tun haben. Die führenden Repräsentanten des Blah-blahnismus sind oder waren nie Lehrer. Sie sind bloß Erziehungsbeflissene, die wie aasuchende Geier zwar in unterschiedlicher Höhe, aber mit derselben Raubgier über den Schulen kreisen. Sie sind mit rein theoretischen Konzepten, angewandt auf rein hypothetische Schüler, befaßt, glänzen aber in Ausschüssen.

Ein Vorsitzer dieses Typs wird den Tagesordnungspunkt 14 mit einer kleinen Rede etwa folgender Art einleiten:

«Punkt 14. Bericht des zur Beratung der von Dr. Nebelhaft eingereichten vorläufigen Vorschläge eingesetzten Unterausschusses nebst Anlagen A bis K sowie Abschriften des einschlägigen Briefwechsels Nummer I bis XVII. Dieser Bericht, meine Herren, den wir alle mit Interesse gelesen haben, macht deutlich, daß Leistungsbatterien uns in diesem Fall kein so übereinstimmendes Resultat erbringen wie der ergographische Test – zumindest bei den cerebrotonischen (im Gegensatz zu visceratonischen und somatonischen) Schülern, von denen ein hoher Prozentsatz sich zu extranomal verhielt, um in das Verhaltensschema zu passen, das dem Zweistufen-Stupmann-Staunich-Test entspräche. Die statistischen Resultate sind im Anhang XXXIV zusammengefaßt und in dem Diagramm gegenüber Seite 79 veranschaulicht. Daraus können Sie auch Ihre eigene percentile Kurve ablesen, aus der (meiner unmaßgeblichen Meinung nach) nur eine Schlußfolgerung gezogen werden kann. Ist dies, so werden Sie fragen, ein Fall von Müller-Lügner-Illusion? Hätten wir besser die Rorschach-Kindmethode anwenden sollen – zumindest auf die atypischen oder beidseitigen Fälle? Meiner festen Überzeugung nach wäre das unbedingt ein Fehler gewesen. Unsere ursprüngliche Einstufung in endomorphe, mesomorphe und ectomorphe Gruppen liefert uns gewiß genügend Daten, um darauf unsere Octogenesis kindlichen Verhaltens zu gründen. Ich möchte dem hinzufügen, daß das gezackte Histogramm genauso vieldeutige Beweise liefert wie der Kolligationskoeffizient. Angesichts so unumstößlichen Beweismaterials darf ich annehmen, daß wir dem Bericht des Unterausschusses einschließlich der Empfehlungen 1 bis 8 zustimmen. – Ich danke Ihnen. Wir kommen nun zu Punkt 15.»

Die anderen Ausschußmitglieder haben natürlich keine Ahnung, worum es bei diesem ganzen Gefasel überhaupt geht. Von all den Zahlenreihen, Gleichungen und Diagrammen sind sie viel zu benommen und verwirrt, um eine Erläuterung zu verlangen. Ein solches Ansinnen hätte ihnen ohnehin nichts geholfen, weil die Erläuterung genauso nebulos gewesen wäre wie die Sache, die erläutert werden sollte:

«Also», würde der Vorsitzende sagen, «Atomismus und Verhaltensweise bedeuten weder das gleiche, noch stehen sich in diesem Fall Atomismus und Ganzheitslehre fundamental entgegen. Das alles führt uns selbstverständlich doch nur zurück zu der gleichen Schlußfolgerung, nicht wahr?» Deshalb sagen die Ausschußmitglieder wohlweislich gar nichts, fragen nichts und willigen betäubt in alles ein. Sie erkennen nur selten, daß es ein Gegenmittel gibt. In der Tat, man kann nämlich einen Blah-blahnisten mittels Blah-blahnismus auspunkten. Ein anderer Blah-

blahnist im Ausschuß kann mit einem anderen Trommelfeuer an Blah-blah munter zurückschlagen.

Begegnen sich Blah und Blah im Schlagabtausch, werden die übrigen Ausschußmitglieder noch mehr benebelt als zuvor. Aber sie werden wahrscheinlich, falls sich eine Chance dazu bietet, gegen den Vorsitzenden stimmen. Gegen Blah-blahnismus gibt es also Abhilfe. Kann das gleiche auch vom Arroganismus gesagt werden? Das erscheint höchst zweifel-haft. Der Vorsitzende dieses Typs ist jener tyrannische, einschüchternde, rotgesichtige Mensch mit hallender Stimme, den Widerrede bis an den Rand des Schlaganfalls zu bringen scheint. Im Kern liegt seine Technik darin, festzustellen oder durchblicken zu lassen, daß die Sache bereits entschieden sei und die Zustimmung gar nicht erst in Frage stehe.

«Eigentlich sind wir durch unsere Entschließung zu Punkt 4 der letzten Ausschußsitzung auf dieses Projekt festgelegt.»

«Aber, Herr Vorsitzender, wir haben doch nur beschlossen, bei der Firma Schnapp & Drängler einen ersten Entwurf anzufordern.»

«Angesichts der vorgerückten Zeit können wir hinsichtlich unserer Entscheidung nicht wieder von vorn anfangen. Auf den Entwurf ist viel Arbeit verwandt worden. Man könnte von uns Schadenersatz bezüglich eines nicht ausgeführten Projektes verlangen. Außerdem müßten wir dann eine andere Firma auffordern, was unvermeidlich Verzögerung be-deutete.»

«Aber sie sollten nur eine Skizze und eine vorläufige Schätzung ma-chen.»

«Ich meine, daß wir an dieses Projekt und diese Architekten gebun-den sind. Stimmen Sie mir darin bei?»

«Ich gebe zu erwägen, Herr Vorsitzender, daß Sie nicht ermächtigt waren, uns festzulegen.»

«Sie unterstellen also, daß ich meinen Auftrag überschritten hätte?»

«Nein, ich sage bloß, daß wir an dieses spezielle Projekt noch nicht gebunden sind.»

«Stellen Sie meine Rechtschaffenheit in Frage?»

«Ich habe nichts von Ihrer Rechtschaffenheit gesagt.»

«Sie beschuldigen mich praktisch der Unehrenhaftigkeit.»

«Nein, das tue ich nicht.»

«Ich kann nur sagen, entweder habe ich das Vertrauen dieses Aus-schusses oder ich habe es nicht. *Laut.* Bin ich hier Vorsitzender? *Schreit.* Zweifelt jemand an meiner Rechtschaffenheit? Muss ich mich von jedem Neuling in diesem Ausschuss beleidigen lassen??? *Vertrauens-gemurmel.* Also schön, aber ich muß von Herrn Riegel verlangen, daß er seine Behauptung zurücknimmt.»

«Ich habe nichts behauptet, Herr Vorsitzender.»

«Ich nehme Ihre Entschuldigung an. Hoffentlich können wir nun in unserer Arbeit fortfahren. Nachdem wir dem hier vorliegenden Projekt zugestimmt haben, bleibt heute nur noch über die Reihenfolge zu entscheiden. Draußen warten zwei Beauftragte von Schnapp & Drängler, und ich schlage vor, sie sollten jetzt hereinkommen.»

In der Arroganisten-Taktik spielt das Wort «Rechtschaffenheit», das auch häufig von Hochstaplern benutzt wird, eine gewichtige Rolle. Ist dem Widerspenstigen erst der Stempel aufgedrückt, als bekrittele er die Rechtschaffenheit des Vorsitzenden, fühlen sich die anderen Ausschußmitglieder sofort verpflichtet, ihre Sympathie zu bekunden, die dann als Unterstützung der Politik ausgelegt werden kann, die der Vorsitzende verficht. Alle Widerstände sind damit beiseite gewischt, und das Resultat ist irgendein scheußliches Gebäude.

Im Bereich der Comparativen Vorsitzerei ist der Konfusionismus keine Entwicklung jüngeren Datums. Allerdings sind in den letzten zwei Jahren systematische Studien hinsichtlich seines Vordringens, seiner Anwendung und seiner Wirksamkeit betrieben worden. Der Konfusionstyp läßt die Sitzung in ein Chaos ausarten, bei dem niemand genau weiß, wovon die Rede ist, oder gar, zu welchem Punkt der Tagesordnung der Widerspruch sich erhoben hat. Auf einmal reden alle zur gleichen Zeit, jeder über etwas anderes. Und ein paar über Themen, die mit der Sache selbst nur sehr vage etwas zu tun haben. Der daraus resultierende Wirrwarr hört sich etwa so an:

«... Aber dieses neue Parkraum-Projekt erscheint wirklich höchst kompliziert ... Ich habe nichts gegen unterschwellige Werbung, die Frage ist jedoch, ob wir die richtige Werbefirma erwischt haben? Warum ausgerechnet die Dresch & Fütterer GmbH? ... Wenn wir den Wirtschaftsprüfer wechseln müssen, dann gibt's nur eine Wahl — Rotstift & Blau. Das kann niemand bestreiten ... Und warum nach 9 Uhr nur blaue Aufkleber zulassen? ... Aber das ist genau die Art von Werbefeldzug, die leicht zum Bumerang wird — wir werben praktisch für etwas, das wir nicht liefern können ... Unsere früheren Wirtschaftsprüfer waren — darüber sind sich alle einig — zu langsam. Aber sie leisteten gute Dienste und kannten das Geschäft von der Pike auf ... Und was sollen die Leute mit den weißen Aufklebern tun — ihre Autos verkaufen und zu Fuß gehen? ... Offen gestanden, ich mißtraue dieser Gesellschaft. Sie kann nicht seriös sein ... Rotstift & Blau gehören zu den ältesten und angesehensten Firmen der Stadt. Sie werden sehen, sie arbeiten exzellent. Mit Blau kann ja gar nichts schiefgehen ... Für diejenigen mit den blauen Aufklebern ist die Sache ja schön und gut, doch mir geht es um die mit den weißen ... Ich weiß nicht, was Sie meinen. Das Werbebüro Weiß steht doch gar nicht zur Diskussion. Nun, Herr Fütterer ist mir persönlich bekannt. Wohlgemerkt, ich sage nichts gegen ihn. Aber irgendwie ist er mir zu gerissen ... Zu gerissen? Bisher habe ich noch nie was davon gehört, daß unsere alten Wirtschaftsprüfer zu gerissen wären. Zu engherzig vielleicht. Zu altmodisch kann sein, aber zu gerissen? Deren schwache Seite war doch, daß sie alles und jedes schwarz auf weiß verlangten ... Doch das würde undurchführbar sein. Alle Aufkleber in Schwarz und Weiß – das macht es den Leuten am Tor ganz unmöglich. Sie haben jetzt schon Mühe genug, am Abend sind die Farben nicht gut zu unterscheiden ... Genau das ist es, was die Werbefachleute offenbar nie begreifen werden ... Das ist es eben. Die alten Wirtschaftsprüfer konnten sich nicht anpassen ... Warum sollten die Parkwächter sich anpassen? ... Ich habe läuten hören, daß diese Leute ganz kürzlich in die roten Zahlen ... Was? Rotstifts? Das müssen Sie mit einer anderen Firma verwechseln. Die waren nie in den roten Zahlen ... Wir diskutieren nicht über die roten Aufkleber – sie sind den Direktoren vorbehalten, die ihren eigenen Parkplatz haben. Um die brauchen wir uns nicht zu sorgen ... Aber ich mache mir Sorgen um sie. Die Öffentlichkeit wird einen falschen Eindruck von ihnen bekommen ... Denken Sie an den Staub, der aufgewirbelt wird ... Anzeigenraum ... Überprüfte Konten ... Parkraummangel ... Mangelhafte Public Relations-Arbeit ... Unfallstatistik ... Unwesentlicher Fehler ... Fehler zu veröffentlichen ... Öffentlicher Skandal ... Skandalöse Verzögerung ... Verzögerung beim Druck ... Druck der Aufkleber ... Kleben am Platz ... Platz mit Wache? ... Wache im Dunkeln ... Dunkler Verdacht ... Bei Nacht ... Nein, Verdacht ... Gegen wen?»

Während der Wirrwarr lärmiger und die Konfusion konfuser wird, lächelt der Vorsitzende milde, gelegentlich eine Frage einwerfend: «Sprechen Sie für oder gegen den Zusatzantrag?» Oder er macht einen sauren Zwischenruf: «Ich frage mich wirklich, ob diese Bemerkungen ins Protokoll gehören.» Und verwirrt damit den ohnehin schon genügend großen Wirrwarr noch mehr.

Nach fünfundzwanzig Minuten allgemeinen Geschnatters und Radaus geht den Mitgliedern der Atem aus. Es tritt eine Pause ein, und just in diesem Moment klopft der Vorsitzende plötzlich mit seinem Hammer auf den Tisch. Mitten in das atemlose Schweigen hinein verkündet er die Meinung der Versammlung: «Also gut, über diesen Tagesordnungspunkt sind wir uns einig. Ich schlage daher vor, zum nächsten überzugehen. Es handelt sich um eine einigermaßen verwickelte Angelegenheit, die sich aus einem früheren Beschluß des Ausschusses ergibt. Ich schlage vor, darüber außerhalb der Reihenfolge zu beraten, was hier bereits etwas formlos erwogen wurde. Ich nehme an, Herr Schwetzer, Sie wollen etwas zu diesem Thema sagen.» Neues Gelärme, diesmal fünfzehn Minuten lang, an dessen Ende der Vorsitzende sagt: «Ich danke Ihnen. Da dieser Punkt erledigt ist, können wir zum nächsten kommen . . .» Nachdem es etwa zwei Stunden lang so fortgeht, bringt der Vorsitzende die Sitzung zu Ende. «Damit ist die Tagesordnung erledigt. Sonst noch irgendwelche Wortmeldungen? Die Sitzung ist geschlossen.»

Nach ein paar Tagen erhalten die Mitglieder Abzüge des sauber ausgefertigten Protokolls, in dem die Entscheidung des Vorsitzenden zu jedem Tagesordnungspunkt festgehalten ist. «Der Schriftführer macht seine Sache wirklich gut», sagen sie zueinander, «er drückt immer alles so klar aus.»

Während einige Vorsitzende es zufrieden sind, daß alles nach ihrem Willen geht, wünschen andere, daß ihre Diktatur allgemein bekannt wird. Obwohl ein Komitee, Ausschuß oder Beirat gerade bezwecken könnte, dem einzelnen die Verantwortung für eine unpopuläre Entscheidung abzunehmen, gehört es zu den Paradoxa der Komitologie, daß der Vorsitzende manchmal alle Verantwortung für die getroffenen Entscheidungen für sich allein beansprucht. Das gilt besonders bei einer öffentlichen Untersuchung, und dieser Vorgang setzt mit der offiziellen Kennzeichnung des Ausschusses ein. Ursprünglich mag der Entwurf etwa so lauten:

Vom Parlament eingesetzter besonderer Untersuchungsausschuß zur Untersuchung der Ursachen der Jugendkriminalität, deren Ansteigen in verschiedenen Perioden und in verschiedenen Ländern, der daraus entstehenden Kosten für die Öffentlichkeit und für die Schulen sowie der insoweit bisher ergriffenen Maßnahmen; außerdem zur Ausarbeitung von Gesetzesvorschlägen, die nach Meinung des Ausschusses geeignet sein könnten, daraus resultierende Folgen zu mildern und wenn möglich zu beseitigen.

Mit einem derartigen Titel besteht für den Ausschuß wenig Wahrscheinlichkeit, anders als in abgekürzter Form erwähnt zu werden. Vermutlich würde ein Gremium wie dieses «Ausschuß für Jugendkriminalität» genannt werden. Deshalb trachtet Herr Kraftmeier, der künftige Vorsitzende (sollte er Publizität suchen), diesen Titel im voraus zu verwirren. Das geschieht am besten mittels Hinzufügung weiterer kaum dazugehöriger Untersuchungszwecke. Der ergänzende Wortlaut hieße etwa: « . . . zur Untersuchung der Ursachen ungesetzlichen Treibens unter Kindern, Jugendlichen, Schwachsinnigen und Senilen, insbesondere hinsichtlich Drogensüchtigkeit, Pornographie und Erpressung, außerdem Inzest, Notzucht und Selbstmord, deren Vordringen usw . . .» Durch diese Ausweitung und Verwirrung des Untersuchungsbereichs werden die Zeitungen davon abgehalten, von diesem Ausschuß als «Ausschuß für Jugend-kriminalität» zu berichten. Es bleibt ihnen keine andere Wahl, als ihn den «Kraftmeier-Ausschuß» zu nennen, der eines Tages den «Kraft-meier-Bericht» vorlegen wird. Der Vorsitzende aber hat solchermaßen alle Publizität auf sich gezogen.

Mit der Komitologie ist ein neues Forschungsgebiet, genannt Sub-komitologie, eng verknüpft: das Studium der Unterausschüsse. Hierüber sind einige Kontroversen entstanden, da manche bezweifeln, ob dieses Forschungsobjekt existiert. «Was ist Subkomitologie?» fragte eine un-serer führenden Autoritäten. «Es ist einfach Komitologie vom Subnor-malen her gesehen.» Ein anderer Eingeweihter fragte: «Aber ist Sub-komitologie eine eigene Disziplin?» Ob es uns paßt oder nicht, die Sub-komitologie hat sich durchgesetzt. Die entstandene Kontroverse muß, wenn auch nur aus diesem Grunde, als bedauerlich angesehen werden. Hier täte Zusammenarbeit weit eher not als Rivalität zwischen den So-zialwissenschaftlern, deren Arbeit so eng verknüpft ist. Denn wie be-rechtigt das Lehrgebiet Subkomitologie auch sein mag, es ist von der Komitologie als ein Ganzes nicht zu trennen. In diesem Zusammenhang sei daran erinnert, daß es Aufgabe des Unter(komitees)ausschusses ist, eine rivalisierende Gruppe in eben dem Ausschuß zu bekämpfen, von dem der Unterausschuß ein Ableger ist. Die von Herrn A angeführte Partei sieht ihr ehrliches Bemühen durch die um Herrn B gescharte Grup-pe vereitelt. Es ist daher natürlich, daß A vorschlägt, die Detailarbeit in vier Unterausschüsse aufzugliedern. Wird dem zugestimmt, trachtet A natürlich danach, alle wichtige Arbeit dem Unterausschuß zuzuschanzen, für den er sich selber zum Vorsitzenden vorschlägt und in dem seine Anhänger die Mehrheit haben. Die B-Anhänger dominieren unter Vor-sitz von B in einem anderen Unterausschuß, einem, der einen eindrucks-vollen Namen, aber nichts von Wichtigkeit zu tun bekommt.

Dieser normale und alltägliche Vorgang bringt die Verwendung von Unterausschüssen als satzungsgemäßen Kunstgriff mit sich, ist jedoch im wesentlichen nur eine Phase in dem Kampf um die Macht zwischen A und B. Wie dürften wir also sagen, der Komitologe könne diese Art von Manöver ignorieren und deren Erforschung getrost dem Subkomi-tologen überlassen? In diesem Fall gibt es doch wohl gewichtige Gründe zur Zusammenarbeit.

Sollten wir der Meinung sein, Subkomitologie existiere unabhängig von der Komitologie, sei jedoch aufs engste mit ihr verknüpft, was läßt sich dann von der Infrasubkomitologie sagen? Es handelt sich um die Wissenschaft von den Unterunterausschüssen, wie sie oft aus Unteraus-schüssen hervorgehen; eine Wissenschaft, der heutzutage einige For-schungsabteilungen sich nachdrücklich widmen. Kann man die speziali-sierte Spezialisierung noch weiter treiben? Wohl kaum. Dies ist der

Punkt, wo der gesunde Menschenverstand Platz greifen muß. Von infrasubkomitologischen oder gar von subinfrasubkomitologischen Studien zu sprechen – geht erheblich zu weit, ganz besonders in der Verlautbarung einer Universität. Die Professoren sollten ständig daran erinnert werden, daß ihre Arbeit um die akademischen Grunddisziplinen zu kreisen hat und daß Spezialisierung über einen gewissen Punkt hinaus absurd wird.

Allein aus diesem kurzen Abriß wird offenbar, daß unser Wissen von der Komitologie, der theoretischen sowohl als auch der angewandten, beständig zunimmt, ebenso natürlich die Zahl der zu Studienzwecken verfügbaren Komitees und anderer Ausschüsse. Es wäre abwegig zu behaupten, diese Vervielfachung von Ausschüssen werde allerseits mit der gleichen Genugtuung betrachtet. Eine einflußreiche Gruppe jener Frauen, die sich selber den Namen «Schwätzerwitwen» zugelegt haben, ging unlängst so weit, die Entdeckung eines Elften Gebotes bekanntzugeben, das da lautet: «Du sollst nicht komiteetern.»

Dennoch ist einem so reaktionären Standpunkt nicht uneingeschränkt beizupflichten. Die Verwaltungsmaschinerie muß weiterlaufen, und ebenso muß das Studium dieser Maschinerie fortgeführt werden, um uns sowohl ein Objekt wissenschaftlicher Forschung zu liefern als auch eine Karriere für jene, die nicht wissen, was sie sonst tun sollen. Hier finde noch in freier Wiedergabe eine weise Bemerkung Seiner K. H. des Herzogs von Edinburgh ihren Platz: Was nützt der Mensch, wenn die Wissenschaft nicht weiterlebt?

Dank schlauer Ausschußarbeit, dank Ihrer Kenntnis der Komitologie (der theoretischen wie der angewandten) sind Sie in eine Vertrauensstellung aufgestiegen. Falls Ihnen kein Mißgeschick widerfährt, werden Sie allmählich den Ruf eines befähigten Mannes erwerben. Sie werden ein Mensch sein, in den andere ihr Vertrauen zu setzen gelernt haben. In Ihrer solcherart gefestigten Position werden Sie mit Staunen bemerken, wie unfähig andere sind. Angesichts der offenbaren Torheit mancher Leute fragen Sie sich, ob sie dem Unternehmen überhaupt von Nutzen sein können. Vermögen sie irgendeinem Zweck zu dienen? Dieses Problem gründlich erwägend, werden Sie von selbst auf die fundamentalen Fragen betreffend Können und Fähigkeit stoßen. Was sind das für Eigenschaften, und wie unterscheiden sie sich voneinander? Wie erreichen mittelmäßige Angestellte eine Beförderung? Und ist das unausbleibliche Resultat ein Hereinfall?

Zunächst: Was ist Können? Können ist die Befähigung, etwas zu tun, was nicht immer besonders einfach ist. Fähigkeit ist die Befähigung, etwas tun zu lassen, hauptsächlich durch die Anstrengung und das Können anderer Leute. Der Geiger verfügt über Können, der Dirigent muß auch Fähigkeit haben. Und Fähigkeit ist immer ziemliche Mangelware. Sie hat nicht den Seltenheitswert des Genies, ist aber immer rar und oftmals unerreichbar. Nichtsdestoweniger liegt es im Wesen der Fähigkeit, daß sie häufig unbemerkt bleibt. Den meisten Leuten erscheint es als ganz natürlich, daß ein vielschichtiges Unternehmen geräuschlos läuft, die Produktion ständig verbessert, die Mitarbeiter zufriedenstellt und die Kosten niedrig hält. Aber das ist durchaus nicht natürlich. Es ist ungefähr so natürlich wie ein schöner Rasen, geschnitten und gerollt, ohne Unkraut und von Würmern befreit. Ein solcher Rasen ist nicht von selber so. Er ist das Resultat anfänglicher Mühe und unaufhörlicher Pflege; und weder Unkraut noch Würmer verschwinden auf eigenes Geheiß. Irgendwo im Herzen des Unternehmens sitzt der verantwortliche Mann. In sein Büro strömt eine sporadische Prozession von Leuten, die bekümmert, gekränkt oder ratlos sind. Sein Büro verläßt eine Prozession von Leuten, deren Sinn beruhigt wurde. Sie mögen nicht eben glücklich sein, brauchen sich aber keine Sorgen mehr zu machen. Sie wissen zumindest, was zu tun ist.

«Was soll ich mit dem jungen Drückeberg machen? Er nörgelt herum und beklagt sich.»

«Weil er zuwenig zu tun hat. Ich werde ihn nächste Woche in die Versandabteilung versetzen.»

«Connie wird andauernd krank geschrieben. Wären wir sie nicht besser los?»

«Nein. Sie hat Kummer mit ihrem Freund, der zur Zeit auf einem Public Relations-Lehrgang ist. In zehn Tagen ist er wieder da.»

«Was sollen wir mit dem Team Schwarz anfangen, solange die Halle X ausgebessert wird?»

«Eine Woche lang soll es die Wartung in Halle III übernehmen und anschließend für drei Tage in Urlaub gehen.»

«Franz Jäter hat gehört, daß sein alter Posten wieder frei wird, und möchte ihn wiederhaben.»

«Der Posten wird im Oktober frei. Aber Jäter? Nein. Sagen Sie ihm, bei Chemische Werke Pütscher & Co. suchen sie noch Leute.»

«Würmchen, der früher im Packraum beschäftigt war, hat sich wieder bei uns beworben.»

«Nein. Kommt nicht in Betracht.»

«Der alte Nachtkittel hat wieder mal eine seiner depressiven Anwandlungen.»

«Das habe ich schon gehört. Wir werden ihn als Vertreter der Gruppe zur Konferenz nach Bruchsal entsenden.»

«Fritz Fiebrig bittet um Beförderung.»

«Das geht nicht; aber sagen Sie ihm, er soll morgen um 10.00 Uhr in meinem Büro sein.»

«Jemand hat aus der Tageskasse achthundert Mark gestohlen.»

«Lassen Sie alle Türen und Ausgänge schließen. Der Leiter der Werkpolizei soll mich in drei Minuten in der Kantine treffen.»

«Entschuldigen Sie, Herr Direktor, mir ist ganz übel.»

«Hier, trinken Sie mal. Legen Sie sich zehn Minuten hin und gehen dann nach Hause. Die verlorene Zeit holen Sie morgen nach.»

«Ich möchte gern kündigen.»

«Kommt nicht in Frage. Nehmen Sie morgen frei, spielen Sie übers Wochenende Golf. Montag um 9.30 Uhr sehen wir uns wieder.»

Hier ist Fähigkeit am Werke, und das Endresultat läßt sich ebenso an den Dingen ermessen, die nicht passiert, wie an denen, die passiert sind. Die Fabrik ist nicht niedergebrannt. Die Arbeiter streiken nicht. Wilhelms kündigt nicht, und Fräulein Brausewetter verübt nicht Selbstmord. Für das alles empfängt der Manager wenig Lob, denn Dinge, die nicht geschehen, sind nur schwer zu bewerten. Vor allem gibt es keinerlei Beweise dafür, daß überhaupt ein Unheil droht. Aber, ob anerkannt oder nicht, hier erweist sich Fähigkeit. Wohl dem Unternehmen, von dem dies gesagt werden kann.

Bei den oben angeführten erdachten Gesprächen zeigt sich das Wesen der Fähigkeit in der Haltung des Managers jedem einzelnen Problem gegenüber. Er entscheidet in jedem Fall, was als nächstes zu tun ist. Er verschwendet nicht eine Minute an das, was schon getan wurde. Die genau entgegengesetzte Haltung dagegen ist das Kennzeichen von Unfähigkeit. Das wird abermals am besten durch ein Gespräch veranschaulicht:

«In der Schmelzerei hat es einen ernsten Unfall gegeben. Einer der Männer geriet unter eine Maschine.»
«Wer hatte die Aufsicht? Johann Träg? Natürlich! Weshalb haben wir den Burschen überhaupt eingestellt?»
«In der neuen Werkstatt hat das Fundament Risse bekommen – die eine Wand kann jeden Augenblick einstürzen.»
«Dafür kann *ich* doch nichts! Bruch und Flatter haben sie gebaut. Von denen habe ich nie etwas gehalten.»
«Wir haben den Beweis, daß unter den Elektrikern eine kommunistische Zelle aufgezogen wurde.»
«Und was hat die Personalabteilung dagegen getan? Erwarten die Herrschaften, daß ich die Arbeit für sie mache?»
«Den Aldropa-Vertrag sind wir los ...»
«Ich wußte, daß das passieren würde. Wenn bloß die letzte Lieferung termingemäß erfolgt wäre!»
«Unsere Produktion ist letzten Monat abermals gesunken.»
«Was? Wieder? Schuld haben die Rationalisierungsexperten. Wir hätten sie nie hereinlassen sollen!»

Unfähigkeit reagiert immer auf die gleiche Weise und hat stets den gleichen Tenor: Ich bin nicht verantwortlich. Wessen Schuld ist es? Warum haben wir (oder Sie oder sie – niemals «ich») damals diesen Fehler gemacht, der den jetzigen Schaden herbeigeführt hat? Warum greift da niemand ein? Warum habe ich jemals diesen Posten angenommen? Bei all diesem Kauderwelsch springt kein Wort der Weisung heraus, wer was als *nächstes* zu tun hat.

Fähigkeit ist, im Gegensatz zur Unfähigkeit, verhältnismäßig selten. Es gibt auch keine Gewißheit, daß sie, wo vorhanden, genutzt wird. Unternehmen, welche alle Vorsichtsmaßregeln gegen Zeit- und Geldvergeudung treffen, vergeuden dagegen oftmals Fähigkeit. Eine bis zu einem gewissen Grade unvermeidliche Folge davon ist die Beförderung des Unfähigen. Wo in Wirklichkeit vermeidbar, käme er dennoch nach oben, weil jeder Anwärter verworfen wird, gegen den irgend etwas vorgebracht werden kann.

Angenommen, A wird vorgeschlagen. Aber, so heißt es, er ist zu glatt.

B wird erwogen, aber er ist zu betriebsam. Cs Name wird erwähnt, aber er ist zu umgänglich. D ist diktatorisch, E ist zu alt. Wie wär's mit F? Er ist, frei herausgesagt, zu liebenswürdig. Wie steht's mit G? Der Tratsch sagt, er ist ein Querkopf. Was den alten H anbetrifft, der ist viel zu unsicher. Und K – (wir müssen es sagen) – trinkt viel zuviel Bier. Wie wäre es denn mit L? Aber er ist kränklich. M ist zu dickfellig und so, heißt es. An N ist nicht zu denken, weil er kein Gedächtnis hat. Und das gilt auch für O, der disputiert zu gern. Sollen wir P nehmen? Ist zu sarkastisch und gerissen. Q ist zu sanft, und R ist zu ungeschliffen. S ist zu schweigsam und T redet unaufhörlich. U ist tüchtig, aber schrecklich unreif. Und V? Unersetzlich! Tüchtig! Nützlich, wirklich außerordentlich nützlich, wo er jetzt ist. Aber W? W? An den ist nicht zu denken. Was ist's mit X – kennt ihn jemand? Wie sieht er aus? Wir können uns im Augenblick nicht erinnern. Er kann nicht zu dick sein, sonst wäre er uns gewiß aufgefallen. Er kann nicht zu klein sein, und er kann nicht zu groß sein. Er kann nicht zu dumm sein, aber auch nicht zu begabt, denn niemand erinnert sich an ein Wort von ihm. Ist er stur oder ist er elastisch? Vielleicht keines von beiden. Vielleicht ist er schon tot. Gegen X kann niemand den geringsten Einwand erheben. Er erweckt keine Eifersucht, keinen Haß, keine Zuneigung. Gebt ihm die Stelle! Für diesen Posten ist er der rechte Mann!

So wird X, die unbekannte Größe, berufen. Sollte er auf diese Weise die Stellung des Ersten Direktors bekommen, wäre das Resultat vermutlich katastrophal. Wird er jedoch bloß Zweiter Direktor, kann die Situation sich so oder so entwickeln.

Vor allem hängt viel von der Art seiner Negation ab. Häufig genug hegt der Mensch, der in jeder anderen Hinsicht negativ ist, eine positive und schwelende Abneigung gegen alle jene Vorgesetzten, die Verstand, Initiative, Einfallsreichtum und Energie haben. Das bedeutet notwendigerweise, er haßt praktisch jedermann. Das ist, wie wir alle wissen, der Ursprung der Neideritis, jener fürchterlichen Krankheit, der schon so manche Institution erlegen ist.

Aber seine Negation kann auch so umfassend sein, daß sie keinen Neid zuläßt. Er ist von sich selbst derart überzeugt, daß er (seiner Ansicht nach) jedem, dem er begegnet, geistig überlegen ist. Wo dies der Fall ist, wird nie Neideritis aufkommen. Andererseits sei nicht bestritten, daß der Betrieb in anderer Weise leiden kann. Über dieses Thema ließe sich vieles schreiben, doch geht es hier um etwas anderes. Die Torheit eines hohen leitenden Angestellten kann sich, unter gewissen Umständen, nämlich als nützlich erweisen. Einige Autoritäten haben sogar festgestellt, daß ein gewisses Maß von Dummheit tatsächlich wesentlich ist. Zwar wollen wir nicht ganz so weit gehen, doch können wir nicht bestreiten, daß Dummheit in gewissen Formen und unter gewissen Umständen sehr wohl von Nutzen sein kann. Ihr Nutzen hängt jedoch davon ab, ob die Negation weniger umfassend ist als die Dummheit.

Um dies zu veranschaulichen, wollen wir annehmen, der neue Nr. 2 sei bis zum Zeitpunkt der Ernennung rein negativ gewesen. Er hat keine Fehler gemacht, keine Feindschaften heraufbeschworen, wahrhaftig, rein gar nichts getan. Doch nun ist er gezwungen, gelegentlich zwischen diesem und jenem zu entscheiden. Wenn seine Negation eine vollständige und seine Dummheit mit ein bißchen Schlauheit gemischt ist, wird er jede Entscheidung jemand anderem zuschieben. Aber er kann auch, als Folge seiner Beförderung, etwas von seiner Negation verlieren, in welchem Fall er versuchen wird, selber zu entscheiden. Bei durchschnittlicher Dummheit werden seine Entscheidungen meistens falsch sein. Doch bei absoluter Dummheit werden sie alle falsch sein. Und das ist der Punkt, wo der für unbrauchbar gehaltene Mann plötzlich unschätzbar werden kann.

In ein paar Unternehmen gibt es einen Mann, der immer recht hat. «Nein», sagt er gelassen, «dieser Plan ist zu kompliziert. Er wird nicht gelingen.» Und damit ist die Diskussion beendet. Ein solcher Mann hat die Art von Autorität, die auf einer höheren Ebene das ist, über was der alte Kruse bei weniger schwerwiegenden Dingen verfügt. Jeder von uns kennt so einen «alten Kruse». Nehmen wir an, es geht darum, die Qualität einer Sendung Rohbaumwolle zu bestimmen. Dafür gibt es zwei Wege. Der eine ist, eine Probe in das Werkslabor zu schicken. Der zweite und schnellere Weg ist, den alten Kruse zu rufen. Bei der ersten Methode gelangt man mit einer längeren Reihe wissenschaftlicher Tests zu einer Formel, die ihrerseits zu einer vorläufigen Qualitätsbestimmung führt. Bei der zweiten Methode befühlt der alte Kruse das Zeug fünf Sekunden mit der Hand und fällt sein Urteil: «Zweitklassig.» *Und es ist zweitklassig.*

Nichts läge uns ferner, als Laboratoriumstests für unnütz zu halten (denn eines Tages wird der alte Kruse ja pensioniert), aber niemand würde auch nur im Traum die Richtigkeit dessen bezweifeln, was der alte Kruse sagt.

Fast so endgültig ist das Urteil jenes seltenen Vorgesetzten, des Mannes, der immer recht hat. In einer Grundsatzdiskussion werden Ansichten vorgebracht, erörtert, abgeändert und überstimmt. Dann, oftmals wenn alle Anwesenden vom Reden müde sind, nimmt der gelassene Mann in der Ecke seine Pfeife aus dem Mund und ergreift zum erstenmal das Wort: «Ich denke, wir sollten die Entscheidung vertagen, bis wir weiteres von Lastmacher hören.» Er scheint mit jahrhundertealter Autorität zu sprechen, mit der angesammelten Weisheit der ganzen Menschheit. Was er sagt, ist endgültig. Ja, in manchen Unternehmen mag die kluge Entscheidung von diesem oder von jenem kommen. In anderen kommt sie fast stets von ein und demselben – dem Mann, der immer recht hat.

Theoretisch sollte der Mann, der immer recht hat (wo er vorhanden ist), zum Generaldirektor gemacht werden; wie es gelegentlich geschieht. In der Praxis aber ist dieser Mann häufig zu unbeliebt. Vom Standpunkt seines eigenen Ehrgeizes aus täte er besser daran, bei jeder zehnten Gelegenheit sich zu irren, nur um sich die Gunst der anderen zu erhalten. Läßt er diese Vorsichtsmaßnahme außer acht, entspringt seine Unbeliebtheit den Fällen, in denen er überstimmt und überrundet worden ist. «Falls Sie es so machen», hatte er gesagt, «wird der Vertrag mit Bernheimer in die Brüche gehen.» Sie machen es so, und der Vertrag geht in die Brüche. Er sagt niemals: «Das habe ich Ihnen ja gleich gesagt.» Er kommt nie wieder auf die Sache zurück. Aber die anderen erinnern sich ... als ob seine Voraussage die Ursache für den Fehlschlag gewesen wäre.

Wie die Leute niemals dem vergeben, dem sie unrecht taten, genauso ungern verzeihen sie dem Mann, dessen guten Rat sie in den Wind geschlagen hatten. Er wird bei jedem Anlaß eine Spur weniger beliebt – wie der Mann, der präzis das kommende Unwetter prophezeit hat. Deshalb ist zwangsläufig dem Mann, der immer recht hat, keine große Zukunft beschieden. Trotzdem ist ein Unternehmen glücklich zu preisen, das jemanden hat, dessen instinktives Urteil so unfehlbar ist. Mag es auch für ihn selber nicht gut sein – um so nützlicher ist es anderen. Ein Betrieb mit so einem Mann hat einen Kompaß, ob man auf ihn schaut oder nicht.

Doch der Mann, der immer recht hat, ist etwas Rares. Die Leute in einem Durchschnittsunternehmen sind unterschiedlicher Meinung darüber, wer von ihnen am meisten recht hat. A ist dafür, das niedrigste Angebot anzunehmen. B meint, das würde letzten Endes zu höheren Kosten führen. C ist unschlüssig, und D ist krank. Was soll E tun? Es fehlt an dem Mann, der immer recht hat. Wie wäre es, wenn das Unternehmen wenigstens einen Mann hätte, dessen Urteil immer falsch ist?

Das bringt uns wieder zu X, dem kürzlich ernannten Nr. 2, dessen Dummheit seit der Beförderung auffälliger geworden ist als seine frühere Unauffälligkeit. Warum nicht ihn fragen und dann das Gegenteil tun?

Wo es nur um die einfache Wahl zwischen zwei Alternativen geht, mag diese Methode unfehlbar sein. Wo es drei Alternativen gibt, wird es zweckmäßig sein, eine auszuschließen. Dieses System birgt augenfällige Möglichkeiten.

Wichtig ist allein, daß X durchwegs falsch urteilt. In nur 75 Prozent der Fälle falsch zu urteilen, reicht nicht. Die Ernennung von X (Herr

Niete, um seinen vollen Namen zu gebrauchen) sollte sofort Veranlassung geben, seine umgekehrte Unfehlbarkeit einem wissenschaftlichen Test zu unterziehen. Das geschieht am besten, indem ihm bereits gelöste Probleme unterbreitet werden. Herr Heumacher beispielsweise sollte sich als Personaldirektor versuchen, trat aber nach sechs Wochen zurück und hinterließ diese Abteilung als ein einziges Chaos. Oder: Die Werbekampagne Nr. 113 führte zu einem Umsatzrückgang von 23 %. Oder: Man nahm ein Finanzierungsprojekt in Angriff, und es erwies sich als unglaublich erfolgreich bis zu dem Moment, wo es für gesetzwidrig erklärt wurde. Oder: Der Streik, der letztes Jahr drohend bevorstand, war von Fritz Zelle, einem Schweißer, eingefädelt, kam aber dank dem hartnäckigen Widerstand von Hans Fairspiel, dem Lokomotivführer des Werkes, nicht zustande.

Herr Niete wird nun an Hand dieser Probleme (deren nähere Einzelheiten er nicht kennt) getestet.

STANDFEST: Falls uns Herr Friedlich verläßt (er hat es wohl vor – aber dies sage ich unter dem Siegel der strengsten Verschwiegenheit), werden wir einen neuen Personaldirektor brauchen. Es wurden verschiedene Herren vorgeschlagen, darunter auch Herr Heumacher. Welche Meinung besteht über seine Eignung zu diesem Posten?

KLIPPE: Ich denke, man könnte es mit ihm versuchen. Er ist ein arbeitsamer, methodisch vorgehender Mann, besonnen und beliebt. Ich könnte mir schon denken, daß es mit ihm gut geht.

HAUPTSTÜTZ: Tut mir leid, aber ich bin anderer Meinung. Heumacher scheint mir zu zerstreut und zu fahrig. Er würde auf diesem Posten vollständig versagen.

STANDFEST: Herr Niete?

NIETE: Nun, ich kenne Heumacher erst seit ein paar Monaten. Aber er macht mir den Eindruck eines sehr verantwortungsbewußten Mannes. Sehr respektvoll und bereit, einen Rat anzunehmen. Ja, ich halte viel von Heumacher. Ich wüßte nicht, wie wir einen besseren finden könnten.

STANDFEST: Danke. Wir müssen uns nun über eine neue Werbung für unser Hauptprodukt Gedanken machen. Abzüge liegen vor Ihnen. Was halten Sie davon?

HAUPTSTÜTZ: Wirklich sehr auffallend. Das übersieht keiner. Ein geschickter Entwurf mit einem Slogan, der ins Ohr geht. Es dürfte ein großer Erfolg werden.

KLIPPE: Na, na – könnte uns auf die Butterseite fallen. Das Warenzeichen ähnelt zu sehr einem Hakenkreuz. Obendrein könnte eine der Figuren die Labour-Partei und der Text bestimmt den Reiterklub kränken.

STANDFEST: Herr Niete?
NIETE: Ich bin mit Herrn Hauptstütz einer Meinung. Diese Werbung hat alles, was wir brauchen, um unser Image draußen zu wandeln. Die aufgezeigten Gefahren halte ich für Einbildung.

Nachdem sich noch herausgestellt hat, daß Nietes Meinung über das Finanzierungsprojekt ebenfalls völlig falsch war, wird der Testvorgang spannend. Einmal danebenhauen ist normal. Zweimal danebenhauen ist nichts Ungewöhnliches, aber dreimal – das ist mehr als reiner Zufall, und die daraus sich ergebenden Folgen werden schlüssig.

STANDFEST: Unser nächstes Problem betrifft unseren Oberschweißer Zelle, den meisten von uns als Betriebsobmann und gewerkschaftlich sehr aktiv bekannt. Er ist auch ein geschickter und erfahrener Facharbeiter. Wir hörten, daß man ihm einen ähnlichen, aber besser bezahlten Posten bei der Firma Hartkopf & Unwitz angeboten hat. Wollen wir ihm die gleichen Bedingungen bieten, um ihn zu halten?
HAUPTSTÜTZ: Zelle versteht gewiß seine Arbeit. Fraglich, ob wir einen anderen, genauso geschickten Mann finden werden. Selbst wenn das der Fall wäre, würde dessen Lohnforderung gewiß nicht niedriger sein, als was Zelle verlangt. Ich denke, wir sollten seinen Forderungen entsprechen.
KLIPPE: Ich bin nicht sicher, ob wir uns besonders anstrengen sollten, um ihn zu halten. Seine gewerkschaftliche Aktivität war recht unbequem und sogar zersetzend. Ich würde ihn gehen lassen.
NIETE: Ich stimme mit Herrn Hauptstütz überein. Geschickte Facharbeiter zu finden ist nicht leicht. Zelle ist ein intelligenter Mensch – wie ich bemerkt habe – und recht wohlerzogen. Er sollte die Gewerkschaft zum Guten hin beeinflussen. Ich denke deshalb, wir sollten uns bemühen, ihn zu halten. *Die anderen tauschen beredte Blicke aus.*
STANDFEST: Ein ziemlich ähnliches Problem haben wir mit Fairspiel, dem Lokomotivführer. Auch ihm hat man anderswo mehr Geld angeboten, und auch er ist in der Gewerkschaft recht aktiv gewesen. Ist er eine Lohnaufbesserung wert oder nicht? Herr Klippe?
KLIPPE: Nun, wir müssen zugeben, daß er tadellos arbeitet. Pflege und Wartung der Maschine sind gut. Beim Rangieren hatten wir nie einen Unfall. Ohne Murren hat er Überstunden gemacht. Meines Erachtens verdient er eine Aufbesserung.
HAUPTSTÜTZ: Das ist ja sehr schön, aber Lokomotivführer sind relativ leicht zu kriegen. Für seinen Posten bekommen wir mindestens ein halbes Dutzend Bewerbungen, darunter zwei oder drei von Männern mit Erfahrung. Warum nicht Fairspiel durch einen jüngeren Mann ersetzen, der auch weniger kostet?

STANDFEST: Herr Niete?

NIETE: Ich denke, wir sollten ihn gehen lassen. Er ist ein mürrischer und radikaler Bursche. An seinen guten Einfluß kann ich nicht glauben. Ich würde ihm keinen Pfennig mehr bieten, als er jetzt bekommt. Nicht einen Pfennig!

Nunmehr ist ziemlich klar, daß Niete konsequent ist. In fünf Fällen hat er fünfmal falsch geurteilt. Darum ist es jetzt an der Zeit, den letzten Test durchzuführen; es geht um ein Problem, das die Zukunft betrifft.

STANDFEST: Unsere letzte Frage heute nachmittag betrifft den Vorschlag, eine Betriebsberatungsfirma einzuschalten. Wie Sie wissen, hatten wir langwierige Besprechungen mit den Herren von Absahn & Duprest. Wir müssen nun einen Beschluß über unsere Empfehlung an den Vorstand fassen. Sollen wir die Beratungsfirma zu einem ausführlichen Bericht über den Betrieb und die Verwaltungsmethoden veranlassen? Herr Klippe, bitte.

KLIPPE: Mir scheint, wir haben uns bereits weitgehend verpflichtet, indem wir die Zeit dieser Leute reichlich in Anspruch nahmen. Ich glaube, wir sollten nun voranmachen und sie als Berater engagieren.

HAUPTSTÜTZ: Nein, Herr Klippe, in dem Maße verpflichtet sind wir nicht. Wir können ihnen ein kleines Honorar zahlen und es damit bewenden lassen. Und das, meine ich, sollten wir tun. Ich bin von denen als Berater nicht sehr beeindruckt.

STANDFEST: Ich weiß, Herr Niete, Sie müssen in fünf Minuten einen anderen Termin wahrnehmen, hoffe jedoch, daß Sie uns vorher noch Ihre Meinung in dieser Sache sagen können.

NIETE: Ja, ich muß gleich gehen. Ich persönlich habe das Gefühl, diese Berater könnten uns manchen nützlichen Rat geben. Von ihrem Wissen, ihrer Erfahrung und ihrer Rechtschaffenheit bin ich überzeugt. Jeder der Partner hat etwas anderes zu bieten, und die Firma selbst ist überall bekannt. Ihr Bericht dürfte sich als ein Meilenstein in der Geschichte unseres Betriebes erweisen. Ich würde sagen: Weitermachen! Ich muß jetzt leider weg, immerhin möchte ich noch bemerken, daß ich recht enttäuscht wäre, wenn wir uns in diesem fortgeschrittenen Stadium der Verhandlungen zurückziehen. Dies ist eine Sache, in der Sie meinem Urteil ruhig trauen dürfen. *Geht hinaus.*

Die übrigen schauen sich mit wahrer Entdeckerfreude an. Es scheint fast zu schön, um wahr zu sein. Ihre Suche hat ein Ende.

STANDFEST: Unserem kleinen Experiment war also ein voller Erfolg beschieden. Fünf von Fünf!

KLIPPE: Wissen Sie, ich habe jetzt beinah eine Schwäche für den Niete.

HAUPTSTÜTZ: Gut, und die Frage wegen dieser Berater ist damit auch geklärt. Wir trennen uns von ihnen.

STANDFEST: Selbstverständlich. Ich werde sofort anrufen. Gerechterweise sollten sie so rasch wie möglich benachrichtigt werden. *Telefoniert.* Ist dort Absahn & Duprest? Wer ist am Apparat, bitte? ... Kann ich Herrn Absahn sprechen? ... Nein? ... Dann Herrn Duprest? ... Nein, wirklich! ... Du meine Güte ... Na, so etwas ... Unglaublich! ... Ganz ungewöhnlich ... Auch nicht gegen Kaution vermutlich? Klar, begreife ich ... Nett von Ihnen, mir das alles zu erzählen ... Danke ... unbedingt ... nochmals vielen Dank! Wiederhören! *Zu den übrigen.* Das war ein Kriminalbeamter, der ihr Büro bewacht.

KLIPPE: Aber warum? Was ist passiert?

STANDFEST: Sind pleite gegangen. Absahn ist verhaftet. Ihm wird Betrug zur Last gelegt.

HAUPTSTÜTZ: Und der andere? Hat der auch etwas damit zu tun?

STANDFEST: Anscheinend nicht. Duprest steht nur unter dem Verdacht der Veruntreuung.

HAUPTSTÜTZ: Unsere Theorie über Herrn Niete ist damit vollauf bestätigt.

STANDFEST: Höchst dramatisch bestätigt. In Niete, diesem unschätzbaren Mann, haben wir die umgekehrte Unfehlbarkeit. Er ist unser Irrführer und Irrleiter, der Spiegel, der die Wahrheit verkehrt zeigt. Er ist unser Kompaß mit der Nadel nach Süden ... Dieser Niete ist wahrlich ein Volltreffer. Eben fällt mir ein – er müßte gerade im Begriff sein, das Direktionsgebäude zu verlassen. *Telefoniert.* Hören Sie zu, Todschuß, hier Standfest – sperren Sie den Verkehr auf dem Hauptweg für ein paar Minuten.

HAUPTSTÜTZ: Aber warum bloß?

STANDFEST: Begreifen Sie nicht? Niete muß, wenn er wieder in sein Büro geht, den Hauptweg überqueren. Wir können es uns gar nicht leisten, daß ihm ein Unfall zustößt. Der Mann wird gebraucht!

Dem Gipfel des Unternehmens sich nähernd, einer Hierarchie, in der Sie nun vielleicht als Nummer Drei rangieren, werden Sie allmählich begreifen, was es bedeutet, an der Spitze zu stehen. Sie allein tragen die Last, wenn die anderen in Urlaub sind. Sie sehen aus nächster Nähe, wie die höchsten Direktoren arbeiten, und lernen begreifen, mit welchen Schwierigkeiten sie zu ringen haben. Das Hauptproblem von allen, so werden Sie entdecken, ist eines, mit dem Sie von der Pike auf vertraut waren: das Problem Papier. Doch hier, auf der allerhöchsten Ebene, will es scheinen, als habe das Problem eine neue Dimension angenommen. Papier ist nicht länger ein Verdruß, es ist vielmehr ein Albdruck geworden. Mehr noch, es ist eine lastende Bedrohung, eine heranrollende Flut, die alles überschwemmen und ertränken kann. Ihre nächste Beförderung muß darauf beruhen, mit welchem Erfolg Sie dieses Problem bewältigen. Es ist eine Flut, in der Sie entweder versinken oder obenauf schwimmen müssen.

Diese Papierflut, in der jetzt die Welt zu versinken droht, ist etwas diesem Jahrhundert Eigentümliches. Die hellenischen Schreiber, die auf Papyrus schrieben, die chinesischen Bürokraten, die ihre Schreibkunst auf Seide übten, und selbst die Schreiber des 18. Jahrhunderts, die ihre Höflichkeiten mit dem Federkiel auf Büttenpapier kritzelten, ahnten nicht, was unter Massenproduktion verstanden werden würde. Erst unser Zeitalter hat die Geschwindigkeit aller Nachrichtenverbindungen entwickelt, den Papierüberfluß, die Vervielfältigung der Texte und die weitverbreitete Halb-Belesenheit. Sie sind die unmittelbaren Ursachen der Papierflut. Erleichterte Nachrichtenverbindung hat obendrein ein solches Maß zentralisierter Lenkung und Kontrolle ermöglicht wie nie zuvor.

Bis vor einem Jahrhundert war jedes große und weitverzweigte Unternehmen oder Weltreich in unaufhörlichen Anstrengungen damit beschäftigt, selbst seine entferntesten Teile in Übereinstimmung mit der zentralen Politik zu bringen. Für Rückfragen bei der Zentrale bestand weder Neigung noch reichte die Zeit. Diejenigen, welche die Positionen theoretischer Verantwortlichkeit innehatten, lasen mit hilfloser Bestürzung von annektierten Provinzen, abgesetzten Beamten, von neuen Zweigniederlassungen und verkauften Schiffen. Ihre wütenden Proteste kamen regelmäßig zu spät. Mit dem Verlegen von Überseekabeln bekamen sie zum erstenmal das Gefühl, sie hätten auch ihre Bevollmächtigten außerhalb des Mutterlandes am Bändel. Etwa ab dem Jahre 1875 wurden daher die Zügel immer straffer gezogen, was letztlich die Wirksamkeit (unter anderem) des Kolonialismus und der Diplomatie vernichtete. An die Stelle fachmännischer Vertragsabschlüsse durch Generalbevollmächtigte traten die Zänkereien machtloser, unfähiger Laufburschen, die alle an den Schürzenbändern einer Regierung hängen, der die Überzeugungen der anderen Seite nie zu Ohren gekommen sind. In Diplomatie, Verwaltung und Handel hat der Prozeß der Zentralisierung sein folgerichtiges Ergebnis gefunden, indem allzu oft ein einziger Mann mit aller Autorität ausgestattet wird; und dem platzt ganz augenscheinlich vor Überarbeitung der Schädel.

Es war unvermeidlich, daß die zentrale Verwaltung in vollem Maße die Arbeitshilfen nutzen würde, die plötzlich verfügbar waren. Nach Jahrhunderten vereitelter Bemühungen konnte die Obrigkeit, konnten die Männer, in deren Händen die Macht lag, endlich der gesamten Organisation ihre Politik aufdrängen, nicht nur von Tag zu Tag, sondern von Stunde zu Stunde. Sie konnten die umfassendste Information verlangen, die detailliertesten Berichte kritisch vergleichen, die umfänglichsten Weisungen abfassen und die zwingendsten Befehle ausgeben.

Von diesen Möglichkeiten haben sie den weitesten Gebrauch gemacht. Doch für all das hatten sie auch den Preis zu zahlen. Die Strafe liegt darin, daß die Korrespondenz sich in einer uneindämmbaren Flut über sie ergießt. Mit Hilfe einer großen Zahl von Angestellten kämpfen sie mit der steigenden Papierflut. Gewöhnlich bis zur Gürtellinie in Briefen und Aktennotizen, läßt eine einzige Woche der Unpäßlichkeit die Hochwassermarke bis zum Kinn steigen. Um nur ja nicht unterzugehen, unterdrückt der Mann in der Schlüsselposition lieber alle Krankheitssymptome und bleibt hinter seinem Schreibtisch; häufig genug mit den ärgsten Folgen für alle Beteiligten.

Nach mehr als fünfzig Jahren verstärkter Einflußnahme, die alle Initiative im nahen und weiten Umkreis tötete und an der Spitze alle Muße zum Verschwinden brachte, beginnen einige Leute sich zu fragen, ob vieles, was heute technisch möglich, immer und überall auch praktisch klug ist. Einige Wirtschaftsimperien neueren Datums, Produkte von Firmenfusionen, haben es vorgezogen, eine Zentralisierung zu vermeiden, es sei denn, Kapitalerhöhungen machten sie erforderlich. Bei anderen, schon zentralisierten, erhebt sich die Frage, ob die Einflußnahme von der Zentrale her nicht zu weit gegangen sein mag. Bei einigen wenigen, sehr wenigen, wurde die Maschine tatsächlich schon aufs Gegengleis geschoben.

Ein Kettenläden-Unternehmen beispielsweise hat sein Kontrollsystem vollständig revidiert. Einfach durch den Entschluß, die Hauptverwaltung möge den Filialleitern, die Filialleiter den Mädchen hinter dem Ladentisch und die Mädchen den Kunden trauen. Dieses Unternehmen schaffte die Stechkarten, die täglichen Bestandsaufnahmen, Lager- und Beschwerdeberichte ab. Man ging einfach von der Annahme aus, daß alle Beteiligten ehrliche Menschen sind; teils, weil sie es wirklich sind, und teils, weil es billiger ist, selbst wenn sie es nicht wären. Mit der solcherart erzielten Befreiung von jährlich 22 000 000 Stück Papier im Gewicht von 105 Tonnen büßten die Direktoren nichts weiter ein als eine Masse statistischer Information, von denen in Wahrheit ohnehin nie Gebrauch gemacht worden war. Ein Ergebnis war ein unverzüglicher Personalabbau. Ein weiteres Ergebnis war das von anderen Firmen gezeigte schmeichelhafte Interesse. Hier ist ein Vorstand, der sich irgendwie aus den Fesseln befreit hat.

Bei dem hier angeführten Fall begann die Eindämmung des Papierkriegs bezeichnenderweise, als der Vorstandsvorsitzer an einem Samstagnachmittag eines der Filialgeschäfte besuchte. Da alle Mädchen Überstunden machten, um die Zettelkartei auszufüllen, fragte er, wozu die Karten da seien. «Wozu?» wiederholte der Filialkontrolleur verwundert. «Sie sind zum Ausfüllen. Hier ist eine, Sie können sich selber überzeugen, daß sie hier und hier ausgefüllt werden muß.» – «Aber warum?» fragte der Vorstandsvorsitzer. Niemand konnte es ihm sagen. Niemand wußte es. Niemand hatte es je gewußt. Mit jenem Augenblick begann die Papierspar-Bewegung.

Eines sollten wir nicht übersehen: Wäre der Vorstandsvorsitzer in seinem Büro geblieben, Ausschußsitzungen abhaltend und Post beantwortend, wäre alles beim alten geblieben. Er hatte nicht nur ein kleines Filialgeschäft besucht, als ihm die Idee kam – er hatte es an einem Samstagnachmittag besucht. Das mag dazu beitragen, nachdrücklich die grundlegende Erkenntnis zum Bewußtsein zu bringen, daß die höchsten Führungskräfte niemanden retten können, solange sie nicht sich selber gerettet haben. Der Mann, dessen Leben dem Papierkrieg untertan ist, hat die Initiative eingebüßt. Er ist mit Dingen beschäftigt, die ihm zur Kenntnis gebracht werden; er hat aufgehört, von sich aus irgend etwas festzustellen: Für das Wesentliche läßt ihm seine Arbeit nichts mehr übrig.

Um diesen Punkt zu veranschaulichen, wollen wir einmal die tägliche Routinearbeit von zwei Vorstandsmitgliedern, deren frei erfundene Namen Henger und Fuhrmann lauten, vergleichen. Henger findet bei seiner Ankunft im Büro die Post im Eingangskörbchen schon bis zu 48,3 Zentimeter hoch gestapelt vor. Von diesem Stoß bestehen 36,4 Zentimeter aus von Henger angeforderten Informationen, und die restlichen sind Akten, zu denen seine Entscheidung verlangt wird. Kaum hat er auf den ersten Vorgang geblickt, kommt schon die Tagespost hinzu. Von diesen zusätzlichen 19 Zentimetern besteht ein ansehnlicher Teil aus Rundschreiben der Handelskammer. Für Papier dieser Art hat jedes Büro eine geeignete

Ablage, aber der Rest der Post bedarf einer Beantwortung. Kaum hat er mit dem Diktat angefangen, bimmelt schon das Telefon. Nach einer nahezu einstündigen Mitarbeiterbesprechung um 11.30 Uhr und unter fortgesetzten Störungen jeder Art kämpft Henger gegen die Papierflut an. Zeitweilig sieht es so aus, als werde er der Unterlegene sein. Jedoch, mit äußerster Mühe wird er der Papierflut Herr. Der Stapel wird immer niedriger. Henger hat alles in die Schlacht geworfen, Blut, Schweiß und Tränen, und die ganzen Geschäftsvorgänge bewältigt. Ehe er das Büro am Abend verläßt, ist jeder Brief beantwortet, jedes Problem gelöst und das Eingangspostkörbchen leer. «Ich hab's wieder einmal geschafft», denkt er, als er müden Schrittes zu seinem Auto geht. Er hat sich sein Gehalt verdient und zweifelt, daß irgend jemand sonst soviel erledigt haben könnte. Aber was geschieht, wenn er krank wird? Er kann nur froh sein, wenn alles gut geht. Doch was, wenn es nicht gut geht? Und eines Tages wird es nicht gut gehen.

Bei Herrn Fuhrmann sieht es völlig anders aus. Ihm bedeutet die Flut der Korrespondenz nur eine Störung. Würde sie wie bei Henger den ganzen Tag mit Beschlag belegen, hätte er das Gefühl, seine Zeit verschwendet zu haben. Diese Auffassung spiegelt sich in seiner Routinearbeit wider. Um 8.45 Uhr ist seine Post geöffnet, und es ist die Regel, daß er mit fünfzig Briefen bis 9.15 Uhr fertig geworden sein muß. Fuhrmann antwortet oft handschriftlich, gewöhnlich in Randbemerkungen oder als Fußnote. Seine Antworten sind lakonisch: «Bedaure – geht nicht.» – «Einverstanden, werde kommen.» – «Ganz meine Meinung» oder (gelegentlich) «Blödsinn!»

Auf andere Briefe diktiert Fuhrmann eine kurze Antwort. Kurz muß sie sein, denn die nicht bis 9.15 Uhr beantworteten Briefe werden von irgend jemand anderem beantwortet. 9.15 Uhr hört er mit dem Diktat auf. Um 9.20 Uhr ist Mitarbeiterbesprechung, die nicht länger als zehn Minuten dauert und in der ausgefallene Probleme ohne Wortklauberei behandelt werden. Nach der Besprechung langt sich der Fuhrmann das Telefon und versucht, noch vor 9.40 Uhr acht Ferngespräche durchzukommen. Er weiß aus Erfahrung, daß die Leitungen um diese Zeit noch nicht stark besetzt sind und die gleichen Gespräche später am Vormittag meistens doppelt so lange dauern. Um 10.00 Uhr trennt er sich von Schreibtisch und Büro zu einem gemächlichen Rundgang durch die Fabrik, oder er macht sich zum Besuch eines Zweigbetriebs auf den Weg. Statt durch die Fabrik zu jagen, um rasch wieder in sein Büro zu kommen, jagt er durch die Büroarbeit, um Zeit für die Fabrik zu haben. Er begrüßt den alten Vorarbeiter. «Na, Paul, wie geht's?» – «Sagen Sie mal, Franz, wie macht sich denn der neue Mann an Nr. 5?» Er befühlt Rohre, um festzustellen, ob sie zu heiß sind, er sieht, daß unnötig eine Lampe am Tage brennt. Er bemerkt eine verstopfte Abflußrinne und beauftragt jemanden, das in Ordnung zu bringen. Er erkundigt sich nach der Frau eines Arbeiters, von der er weiß, daß sie krank war. Und während er unablässig Dinge bemerkt und sich unterhält, kreisen seine Gedanken um die neue Idee: Wie wäre es, wenn man in Halle 11 einen Kran installierte und dahinter eine neue Ladefläche anlegte? Diese Frage erwägend, schaut er auf einen Jungen, den er früher nie bemerkt hat. «Wer ist der rothaarige Bub da drüben?» Am Abend wird der Junge stolzgeschwellt seiner Mutter zu Hause erzählen: «Der Chef hat tatsächlich mit mir gesprochen und gefragt, auf welcher Schule ich war – so als würde ihn das richtig interessieren!» Wenn es – was selten der Fall ist – irgendeine Panne in Fuhrmanns Fabrik gibt, sieht er sie schon auf einen Kilometer weit kommen. Bräche irgendwo ein Feuer aus, wäre er als erster zur Stelle; eine Tatsache, die jeder in seinem Haus begriffen zu haben scheint.

Bei den Zweigbetrieben ist es genauso. Fuhrmann kündigt sein Kommen stets vorher an. Warum? Weil, wie er sagt, der Wert des Besuches schon zur Hälfte in den gewöhnlich vorhergehenden Aufräumungsarbeiten liegt – «Klar Schiff» vom vergangenen Tage. Selbst wenn der Besuch im letzten Moment abgesagt werden müßte, hätte er schon etwas bezweckt. Aber seine Besuche werden nie abgesagt, und er ist auch nie in Eile. Er sieht alles, sogar den neuen Tennisplatz. Er ißt in der Angestelltenkantine und legt Wert darauf, vorher allen im Aufenthaltsraum zu begegnen. Hier stellt sich heraus, ob es an der Führung mangelt, ob die Verbundenheit mit dem Unternehmen, ob die Loyalität nachläßt. Er ist der Ansicht, daß gespannte Beziehungen aus der Art, wie die Leute gruppenweise zusammenstehen, ersichtlich werden. Wenn er an dem einen Ende des Raumes den Direktor der Niederlassung von einer Gruppe von Angestellten umgeben sieht, während am entgegengesetzten Ende die übrigen sich um einen alten Abteilungsleiter scharen, spürt er sofort, daß da etwas nicht stimmt. Was da nicht stimmt, mag er zwar nicht unverzüglich erraten, aber er wird kaum abfahren, ehe er es nicht herausgebracht hat. Bleibt er über Nacht, was öfters vorkommt, weiß der Mitarbeiterstab in der Hauptverwaltung, daß er am nächsten Morgen Punkt 9.20 Uhr anrufen wird. Bis dahin ist die eingegangene Post geöffnet, und sein Vertreter hat fünfzehn oder zwanzig Fragen so formuliert, daß er auf jede mit Ja oder Nein antworten kann. Nach dem fünf oder sechs Minuten dauernden Gespräch wendet sich Fuhrmann wieder den Dingen zu, auf die es ankommt. Es gibt Leute, die der Meinung sind, daß er tatsächlich ein sehr guter Manager ist.

Der Kern von Fuhrmanns Philosophie ist, daß der gute Manager die Initiative behält. Er läßt sich nicht durch eine Flut von Routinegeschäften in seinem Büro festnageln. Er nimmt die Fragen vorweg, noch ehe sie zu Papier gebracht werden. Er sieht die Schwierigkeiten voraus, noch ehe sie sich in Aktennotizen oder Eingaben verwandelt haben. Er ist hinausgefahren, um Pannen zu begegnen, noch ehe sie recht passiert sind. Um diese Art von Initiative zu erlangen, besteht der erste nützliche Schritt darin, sich von der eigenen falschen Auffassung, welche Dinge am wichtigsten seien, frei zu machen. Um dies zu veranschaulichen, schildern wir Herrn Greifbar (Verkaufsdirektor von Real & Co.), der Herrn Gernphon, Generaldirektor der Wortreich-Werke, besucht.

GERNPHON: Kommen Sie, kommen Sie, Herr Greifbar, nehmen Sie Platz. Freut mich, Sie zu sehen. Rauchen Sie? Entschuldigen Sie mich noch für einen Moment, ich muß nur rasch diese Briefe unterschreiben... *Pause, schreibt*... Und ich muß noch diese Mitteilung des Chefingenieurs beantworten. Sie entschuldigen...? *Pause, schreibt weiter. Das Telefon klingelt.* Hallo? Ja, Herr Krause, nein, ist ja großartig. Natürlich, werde ich mir gern mal ansehen, sobald ich dazu mal Zeit habe. Aber das wird noch etwas dauern. Wieso?! Das würden Sie mir wohl besser schriftlich hereinreichen. Ja, das begreife ich. Aber wie steht es mit den Gemeinkosten? Nein, so einfach ist das nicht, mein Lieber. Denken Sie an die Bilanzprüfer und an den Aufsichtsrat. Rufen Sie später wieder an, wenn Sie die Zahlen haben, um die ich gebeten hatte. Gut, mein Bester, danke. Auf Wiederhören... Entschuldigen Sie vielmals, Herr Greifbar. Wobei war ich? Ach ja, ich muß noch diese Mitteilung erledigen... *Pause, schreibt, das Telefon klingelt*... Müller? Ich war soeben dabei, Sie anzuläuten. Ja, ja, davon habe ich gehört. Zu schlimm, zu schlimm. Geht es ihr schon besser? Wie schön! Übrigens habe ich mir die Sache, über die wir gestern gesprochen haben, noch mal durch den Kopf gehen lassen. Ich glaube, es wird sich machen lassen, aber wen immer wir dafür nehmen, es muß ein wirklich guter Mann sein. Wen? Nein, der geht nicht. Außerdem kriegt der ein anderes Aufgabengebiet. Überlegen Sie's noch mal. Wiederhören... *Pause, schreibt, das Telefon klingelt*... Hallo? Peter? Golf am nächsten Sonntag? Gute Idee! Soll ich Gerd fragen? Also gut. Wer wird der vierte Mann sein?... Aber schau, Peter, der ist doch eigentlich nicht so ganz unsere Klasse. Woran liegt das...? Er müßte viel besser sein, aber... Natürlich, ich weiß das... Peter, ich habe eine andere Idee. Was hältst du davon, wenn wir Hermann fragen... usw. usw. *Greifbar verläßt leise den Raum und begibt sich zum Pförtner, um von dort zu telefonieren*... Geht in Ordnung, Peter, dann bis Sonntag. Wie geht es der Familie? Großartig. Wo habt ihr diesmal eure Ferien verbracht... Aber da wart ihr doch letztes Jahr! Ja, das stimmt... Ach, wir dachten eigentlich, mal nach Spanien zu fahren... Nein, Herta noch nicht... In Ordnung. Also bis Sonntag... *Pause. Gernphon blickt zerstreut umher. Wartete da nicht jemand, der ihn sprechen wollte? Komisch! Na ja. Schreibt weiter. Das Telefon klingelt.* Wer ist dort? Oh,

Herr Greifbar? Wie nett, Ihre Stimme zu hören. Ja, wir wären durchaus an der von Ihnen offerierten Großanlage interessiert... Gut, dann fangen wir erst mal versuchsweise mit zwei Stück an... Ja, falls wir zufrieden sind, kann daraus ein dicker Auftrag werden... Fünfzig mindestens, und bis Jahresende vielleicht hundert! Wie ist der Preis von fünfzig und mehr?... Na hörn Sie mal, da könnten Sie uns aber mehr entgegenkommen!... Ach, ich kenne das... Schön, schicken Sie auf jeden Fall zwei, und wir werden dann weitersehen. Wiederhören!

Die falsche Auffassung liegt hier darin, daß alles den Vorzug hat vor dem Menschen, der gegenwärtig vor ihm sitzt. Es hätte noch einen Sinn, falls Gernphon mit Bedacht Herrn Greifbar zeigen wollte, wie beschäftigt er ist. Es wäre eine zweckmäßige Methode, anzudeuten, daß die Real & Co. ein Unternehmen von geringem Ansehen oder Wichtigkeit sind. Aber das ist nicht der Beweggrund zu Gernphons Verhalten. Er arbeitet lediglich in der Überzeugung weiter, ein Stück Papier sei wichtiger als ein Besucher und ein Telefon wichtiger als beide. Er räumt nicht etwa Krause, Müller oder seinem Freund Peter an sich eine Vorzugsstellung ein. Er gibt einfach dem Telefon als solchem den Vorrang, eine Tatsache, die seine Kollegen und Mitarbeiter klar erkannt haben. Als Gewohnheit hat sie das Risiko der Fehlbeurteilung von Menschen und Dingen sowie die Gewißheit geschäftlicher Einbußen zur Folge.

Was Papier anbelangt, hat die öffentliche Verwaltung einen schlechten Einfluß auf die Wirtschaft gehabt. Die Methoden eines Beamten mögen ähnlich sein, doch die Zwecke sind verschieden. Für ihn ist die Akte ein Endzweck. Warum? Weil stets die Möglichkeit einer öffentlichen Untersuchung, Erhebung usw. besteht. Auf jeder Stufe seiner Laufbahn können Fragen gestellt werden, die seine Arbeit betreffen. Was hat er in Erledigung dieser oder jener Anfrage unternommen? War er der für diese oder jene Empfehlung verantwortliche Mann? Wen hat er vorher zu Rate gezogen, ehe er den anderen Antrag ablehnte? Was also der Beamte zu seinem eigenen Schutze braucht, ist eine Akte, aus der genau hervorgeht, was er getan hat. Beim Eingang des Antrages von A legte er den Vorgang seinem unmittelbaren Vorgesetzten B vor, nachdem er zunächst ein Rechtsgutachten von C angefordert hatte, das als Anlage 43 mit Datum vom 27. März dem Vorgang beigeheftet wurde. Auf Grund der Weisungen von B veranlaßte D folgendes... Der Beamte wünscht darzulegen, daß er die richtige Entscheidung getroffen, den richtigen Rat gegeben, die richtigen Fragen gestellt und die richtigen Fakten eingeholt hat, ehe er den richtigen Antrag der richtigen Behörde zur Entscheidung vorlegte. Was tatsächlich geschieht, ist ziemlich unerheblich. Die Akte hat in Ordnung zu sein, nicht die Menschen oder die Dinge, um die es in der Akte geht.

Nehmen wir an, in einem Gefängnis gibt es einen Aufstand, bei dem zwei Wärter getötet und fünf verletzt werden. Die Schreinerei wird niedergebrannt, und zehn Häftlinge entwischen. Wenn eine Meldung dieses Inhalts eintrifft, geht es dem Beamten mehr um die Akte als um das Gefängnis. Wie geht er am sichersten, daß die Schuld nicht auf der eigenen Abteilung hängenbleibt? Welche Art von Untersuchung wird den harmlosesten Bericht ergeben?

Diese Einstellung mag in der öffentlichen Verwaltung unvermeidbar sein, in der Wirtschaft ist sie schlechthin unnütz. Denn das Abwälzen der Schuld ändert nichts an der Tatsache, daß der große Auftrag annulliert wurde, der Kunde abgesprungen, der Vertrag an eine andere Firma vergeben ist und die Warenlieferung nicht dem Muster entspricht. In der Wirtschaft geht es dem Betreffenden nicht um die Akte als solche, sondern um Menschen und Dinge. Der Filialdirektor kann entlassen werden, weil der Ertrag im Verhältnis zum Umsatz zu gering ist; die Korrektheit seiner Handlungsweise ist keine Entschuldigung. Saubere Akten werden tatsächlich niemanden über eingetretene Verluste hinwegtrösten.

Was ist nun hinsichtlich dieser Papierflut zu tun? Lieber alles per Telefon statt mit der Schreibmaschine zu erledigen ist keine Lösung; denn beides verschlingt Zeit, wobei das erstgenannte nicht einmal festhält, was vereinbart worden ist. Häufig Konferenzen abzuhalten, zu denen jeder hin- und zurückfliegt, ist ebenfalls keine Lösung. Des Übels Wurzel ist der Drang zur Überzentralisierung, ein Drang, der in der Natur der Dinge liegt. Denn Zentralisierung ist bis zu einem gewissen Punkt unvermeidlich. Insoweit als ein Kettenläden-Unternehmen Vorteile gegenüber einem kleinen Familien-Einzelhandelsgeschäft bietet, rührt die größere Leistungsfähigkeit hauptsächlich von einem zentralisierten Einkaufs- und Vertriebssystem her. Daß dies eine gewisse Steuerung und Kontrolle erfordert, liegt auf der Hand. Das Problem ist, wie weit beides gehen soll und von welchem Punkt an die Zügel zu lockern sind.

Wo sollte zentrale Weisung örtlicher Initiative Platz machen? Auf diese Frage ist eine umfassende und endgültige Antwort nicht möglich. Wenn wir jedoch Kriterien suchen, an Hand derer der Punkt beurteilt werden kann, wo die Zentralisierung enden sollte, könnten wir die Zahl der Mitarbeiter in der Hauptverwaltung im Verhältnis zur Gesamtzahl der Beschäftigten als ein Kriterium ansehen. Unter den sachdienlichen Fakten ist dies zumindest ein wesentliches.

Es besteht eine merkwürdige und allgemeine Abneigung gegen die Festlegung eines normalen Verhältnisses zwischen Verwaltungs- und anderen Kosten. Wenn wir auch zugestehen müssen, daß die Betriebe unterschiedlich und Abweichungen vom Ideal unvermeidbar sind, sollte es dennoch möglich sein, ein annehmbares wirtschaftliches Verhältnis zu ermitteln, so daß Abweichungen davon zumindest zu erklären sind. Daraufhin angesprochen, werden Männer der Wirtschaft unbestimmt und über den Daumen gepeilt 15 % nennen, was vielleicht eher dem Maximum als dem Ideal nahekommt. Britische Universitäten verwenden zwischen 10 und 6 % auf Verwaltungskosten. Es gibt angeblich Armeetruppenteile, bei denen die Verwaltungskosten alle anderen Ausgabenarten in den Schatten stellen.

Es muß jedoch unterschieden werden zwischen dem Kosten-Prozentsatz, der für Verwaltung insgesamt anfällt, und dem Anteil, der zu Lasten der Hauptverwaltung geht. Denn der erste und größere Prozentsatz ist ein Kennzeichen der Gesamtleistung, der zweite ein recht grober Maßstab, bis zu welchem Grade die Organisation zentralisiert ist. In einer sehr leistungsstarken Firma beträgt die Zahl der in der Hauptverwaltung Tätigen 2,34 % der Zahl aller Beschäftigten; die anteiligen Kosten liegen etwas höher. Es mag sehr wohl eine Anzahl leistungsstarker Firmen geben, in denen etwa 10 % Verwaltungskosten und davon die Hälfte zu Lasten der Hauptverwaltung anfallen. Je größere Statistiken, Formulare und Berichte die Zentrale verlangt, desto größer muß die Zahl der Mitarbeiter zur Kontrolle und Registratur sein. Sollen sie ausgewertet und aufgegliedert werden, bedeutet das weitere Angestellte, und jedes daraus abgeleitete Handeln (ob in Form von Lob oder Tadel) erheischt wiederum mehr Mitarbeiter. Aufgliedern, Verarbeiten und Auswerten stellen alles in allem eine aus der anderen sich ergebende Stufen von Lenkung und Kontrolle dar, so daß Zahlen und Kosten des Mitarbeiterstabs der Hauptverwaltung grob anzeigen dürften, wie weit hier die zentrale Lenkung geht. Ist sie zu umfassend, wird sie wahrscheinlich auch zuviel kosten. Ließe sich ein allgemeingültiges Verhältnis ermitteln, würde es dennoch nicht in jedem Fall gelten. Sinnlos anzunehmen, daß eine für die Einzelhandelskette ideale Zahl auch für eine Kohleverkaufsorganisation ideal wäre. Nichtsdestoweniger bleibt die Tatsache bestehen, daß ein großangelegter Vergleich der Mitarbeiter-Verhältniszahlen zumindest einigen Stoff zum Nachdenken liefern würde. Falls die ideale Lösung ausbliebe, könnten wir zumindest einige Abweichungen von der Norm beobachten.

Während ein hoher Umsatz an Papierumlauf eine überzentralisierte Lenkung und Kontrolle repräsentiert, spiegelt ein steigender Prozentsatz nichts weiter wider als einen Drang zu Rundschreiben. Dank den modernen Vervielfältigungsmethoden ist es genauso leicht, fünfzig Abzüge herzustellen wie zehn. Da dem so ist, neigt der Mensch dazu, die größere Zahl zu bestellen. Sollten zusätzliche Abzüge verlangt werden, ist es gut, wenn man sie schon fertig hat, und die Herstellung war relativ billig. Allerdings neigt der Mensch außerdem dazu, die vorhandenen Durchschläge oder Abzüge zu verteilen. Einmal spart es Platz im eigenen Aktenschrank, zum anderen verhütet es Beschwerden von Leuten, die später sonst sagen, sie hätten nichts erfahren. Man könnte demnach sagen, die Verteilerliste sei in fruchtbaren Boden gepflanzt. Sie neigt zum Länger- und Breiterwerden, zum Blühen und Verzweigen. Kopien müssen an alle leitenden Herren, alle Vorarbeiter, alle Kontrolleure, alle Berater gehen. Alle Spezialisten in Sachen Ertrag, Statistik, Soziales, Betriebspsychologie, Verfahrenstechnik, Presse, Ausbildung und Jungarbeiter brauchen Kopien. Der Rechtsanwalt, der Arzt, der Buchprüfer, der Dentist, der Betriebsdetektiv, der Jugendleiter, der Lagerhalter und die Werksschwester brauchen Kopien. Kopien an alle Anschlagbretter, in alle Aufenthaltsräume, jeden Waschraum und an jede Tür. Jeder, aber auch jeder muß informiert werden.

Eine Folge dieser weiten Verbreitung ist an der Höhe des Papiers auf jedem Schreibtisch in Zentimetern nachmeßbar. Eine andere Folge ist die Tatsache, daß keiner liest, was jeder bekommt. Und wer es täte, hätte für nichts anderes mehr Zeit.

Der Drang zu Rundschreiben, in der Wirtschaft überhandnehmend und in der öffentlichen Verwaltung gang und gäbe, erreicht seine ärgsten Auswüchse auf dem Felde der Wissenschaft. In den Forschungsstätten beispielsweise konzentrieren sich hinsichtlich der Arbeit und der Fortschritte des einzelnen die größten Anstrengungen auf die Tuchfühlung der Wissenschaftler untereinander. Ganze Abteilungen widmen sich dieser Aufgabe und produzieren eine gedruckte oder hektographierte Kopienflut. Wächst eine Forschungsabteilung über eine gewisse Größe hinaus, heißt es gleich, der Notwendigkeit innerer Koordination gebühre der Vorrang vor der Notwendigkeit der eigentlichen Forschung. Perfekte Koordination wird nur dort erreicht, wo es nichts zu koordinieren gibt.

Dieses interne Problem ist als ernst zu betrachten; und es ist zweifellos ernst. Gemessen an dem Problem, das die wissenschaftliche Presse darstellt, ist es jedoch winzig klein. Denn die Tendenz wissenschaftlicher Zeitschriften, sich zu vervielfachen, verführt leicht zu der Annahme, alle diese Zeitschriften müßten gelesen werden.

Warum, so fragen wir, müssen sie sich vervielfachen? Weil jede früher oder später in die Fänge eines Professors gerät, der noch argwöhnischer und eifersüchtiger ist als der Durchschnitt. Unter seiner Herausgeberschaft wird kein Artikel angenommen, mit dessen Inhalt er nicht übereinstimmt, und nur von seinen eigenen früheren Schülern geschriebene Bücher werden freundlich besprochen. Der rivalisierende Professor B, dessen Artikel konsequent abgelehnt wurden, wird daher ganz unvermeidlich eine weitere Zeitschrift starten, eine, bei der anfänglich nach liberaleren Prinzipien verfahren wird. B nimmt alle Artikel auf, sofern die Verfasser nicht Anhänger von A sind oder zu sein scheinen. Allmäh-

lich zieht jedoch auch er eine Grenze in bezug auf Beiträge, die von C stammen, dessen Artikel zu konfus, zu lang und originell nur hinsichtlich der Grammatik und Interpunktion sind. Aber C weiß inzwischen, worin sein Gegenmittel besteht. Er wird der Begründer einer neuen und weniger engherzigen Zeitschrift.

Nichtsdestoweniger gibt es am Ende eine Schwierigkeit wegen der von D zur Verfügung gestellten Beiträge, der nicht einmal orthographisch richtig schreibt. Dennoch wird D der Zugang zur Spalte «Berichtigungen» nicht verweigert. Gewiß zögert er, ehe er den vielen vorhandenen eine weitere Zeitschrift hinzufügt; allerdings nicht lange. Seine Pflicht ist klar, und er weicht ihr nicht aus. Und so geht das fort, bis es achtzig oder mehr Zeitschriften für die Zahnheilkunde gibt. Was die Wissenschaften insgesamt angeht, sind die Zahlen überwältigend, und das gilt ebenso für die Zunahmerate. Eine Universitätsbibliothek soll bis zu 33 000 Zeitschriften aufgenommen haben. Jedes wissenschaftliche Blatt hat einen wissenschaftlichen Beirat, einen Herausgeber, Redakteure und Mitarbeiter. Jedes und jeder hat eine Menge Arbeit zur Folge. Und das Endresultat ist, wie hinreichend bekannt sein dürfte, daß die paar Wissenschaftler, die wirklich etwas zu sagen hätten, ihre Gedanken und Vorstellungen in Privatbriefen austauschen.

Es ist auch darauf hingewiesen worden, daß die Vervielfachung der Blätter im umgekehrten Verhältnis zum erzielten Fortschritt steht. Würde weniger Zeit an das Verfassen und Lesen von Artikeln verschwendet, bliebe möglicherweise mehr Zeit zum Arbeiten und zum Denken.

Neigen die wissenschaftlichen Zeitschriften zur Vervielfachung, so die Publikationen auf dem Gebiet des Handels und der Technik bestimmt nicht weniger. Auf den Schreibtisch des Vorgesetzten ergießt sich ein Strom von Papier, und anfangs wird er nach seiner Fähigkeit, damit fertig zu werden, beurteilt. Dieses Stück Papier nur als zur Kenntnis genommen abzeichnen. Jenes an eine höhere Stelle weiterleiten. Dieses beantworten. Jenes in die Ablage. Dieses als unvollständig, das nächste als falsch zurückweisen. Ja zu diesem, nein zu jenem sagen. Das eine absenden und das andere weitergeben. Dieses in den Papierkorb. Auf jenes den Stempel «Eilt», das andere laß warten. Das korrigierte neu schreiben lassen und zu jenem eine Antwort entwerfen. Telefonisch überprüfen, ob die Antwort das bedeutet, was sie besagt, und mündlich bestätigen, daß Sie meinen, was Sie sagen. Die Zahlen nochmals addieren und mit dem Voranschlag vergleichen. Die Schreibweise von Vanderschnellings Name überprüfen und, wenn möglich, die Unterschrift seines Arbeitsdirektors entziffern. Weiß auf morgen bestellen und Schwarz sagen, er möge sich zum Teufel scheren. Braun für seine Hilfe danken und Grün ermahnen, er möge sich zusammenreißen. Sylvia etwas zu tippen geben, weil sie nichts zu tun hat, und Gertrud nach Hause schicken, weil sie krank aussieht. – Laß das Papier im Eingangskörbchen sich nicht zu Bergen häufen. Laß nicht das Unerledigte bis auf den Korridor hinausquellen. Rück dem Papier zu Leibe. Beantworte es und laß es abheften. Lies es, unterzeichne es und – laß ruhig mehr davon kommen.

Entgegen aller vernünftigen Erwartung befinden Sie sich nunmehr in Reichweite des Gipfels. In der Hierarchie stehen Sie auf dem zweiten Platz und kann sein – wer weiß – bald auf dem ersten. Sie werden schon vorher die zweite Geige gespielt haben, aber nicht in dieser äußersten Höhe. Es ist an der Zeit für die letzte große Kraftanstrengung, von der Ihre Zukunft abhängt. Wie ist der perfekte Zweite Mann beschaffen? – Eine Frage, die der sorgfältigsten Analyse bedarf. Gleich zu Beginn indessen sehen wir uns dem Problem der Namensgebung gegenüber. Welcher offizielle Titel soll Ihre Stellung als Zweiter Mann umschreiben? Statusbegriffe erweisen sich leicht als irreführend und fließend. Doch hinter ihren Ungenauigkeiten lauern die harten Fakten des Lebens. In nahezu jeder großen Organisation gibt es einen Nummer Eins. Und fast ebenso unvermeidlich einen Nummer Zwei.

Es gibt sie, es gab sie, und vermutlich wird es sie auch immer geben. In primitiven Gesellschaftsordnungen steht an der Spitze der Sippe der Vater oder der Großvater, «der Alte», dem sein ältester Sohn als Nummer Zwei, Stellvertreter und vorgesehener Nachfolger beisteht. Alle menschliche Autorität hat diesen patronalen, auf Bewunderung, Zuneigung und Furcht beruhenden Ursprung. Bewunderung, wie sie ein Kind fühlt, das des Vaters Können gewahrt, Zuneigung für den Beschützer, der das Fortleben des Kindes sichert; Furcht vor der Strafe, die der Vater als Erzieher verhängen muß. Das Amt des Nummer Zwei, des ältesten (oder, alternativ, fähigsten) Sohnes, hat also ein respektables Alter.

Hat aber *jede* Organisation einen anerkannten Nummer Zwei? Nein, es gibt eine bedeutsame Ausnahme. Der politische Despotismus oder die Diktatur kennt keinen echten Stellvertreter und keinen ernannten Nachfolger. Denn die ganze Stärke des Regimes basiert auf der Unterstellung, der gegenwärtige Herrscher sei unmöglich zu ersetzen. Schließlich macht ein tüchtiger Stellvertreter den Herrscher weniger unentbehrlich; ein ernannter Nachfolger macht ihn weniger sicher: Es gehört daher zur Technik der Diktatur, den zweiten Thron unbesetzt zu lassen. Anstatt der Nummer Zwei stehen mehrere Leute miteinander in Wettbewerb, die Position jedes einzelnen durch die Eifersucht aller übrigen zu schwächen.

Auch in Handel und Industrie ist Diktatur nicht unbekannt. Es gab und gibt Körperschaften, die in vielem auf ähnliche Weise und gewöhnlich mit dem gleichen Resultat regiert wurden – die Körperschaft dauerte nicht länger als der Mann. Normalerweise bevorzugt die Menschheit Institutionen mit größerer Stabilität, Regierungsformen, die eine einzige

Pistolenkugel, Industrieimperien, die einen einzigen Herzinfarkt überleben können. So kommt es, daß Industriediktatoren eher die Ausnahme als die Regel sind.

Eine weitere Ausnahme von der Norm findet man dort, wo die Nummer Zwei in Wirklichkeit die Nummer Eins ist. Es geht ein Gemunkel, daß Herr Wartmann der Mann ist, mit dem Sie sprechen müssen, wenn Sie etwas erreichen wollen – nicht Herr Voormann, obschon er Generaldirektor sein mag. Eine Situation dieser Art ist nicht selten. Es gibt Männer, wie Wartmann, die nach der Macht hungern, nicht nach dem Amt, und die es manchmal fertigbringen, sich mit jemandem wie Voormann zu verbinden, den es nach dem Amt, nicht nach der Macht verlangt. So herrschte ehemals im deutschen Heer die Sitte, den Chef des Generalstabs mit äußerster Sorgfalt auszuwählen und den Oberbefehlshaber je nach Lust und Laune zu ernennen. Es gibt übrigens Beispiele für das ersprießliche Funktionieren solcher umgekehrten Partnerschaften, wie es in einer nur aus Männern bestehenden Gemeinschaft häufig der Fall sein mag. Unter unverheirateten Priestern, etwa einem Kardinal und seinem Beichtvater, kann ein solches Arrangement oft wirksam sein. Wo aber einer der beiden Männer verheiratet ist, gerät ein Element der Unstabilität in die Beziehung. Sind beide verehelicht, gleich zwei.

Der verheiratete Chef, der von seiner Nummer Zwei beherrscht wird, dürfte wahrscheinlich auch von seiner Frau beherrscht werden; und sie, verärgert über den Einfluß des Rivalen, wird ihren Mann drängen, sich durchzusetzen. Die Frau von Nummer Zwei mag ihrem Mann ergebener sein, aber sie wird über die fast unerträgliche Überheblichkeit, deren die Frau von Nummer Eins sich befleißigt, nörgeln. Der Einfluß der bischöflichen Gattin in Trollopes Novelle war größer als der des bischöflichen Kaplans, nicht allein, weil sie mehr Format hatte, sondern weil sie unablässig an des Bischofs Seite war. So ist es nun mal im Leben. Und selbst wenn beide Männer Junggesellen wären, wer kann garantieren, daß sie es bleiben werden? Wenn eine einzige rothaarige und stupsnasige Sekretärin eine innere Revolution hervorrufen kann, ermangelt die Situation der Stabilität. Die Pyramide steht besser mit der Spitze nach oben.

Wir müssen nunmehr die Position von Nummer Zwei ins Auge fassen, indem wir von der normalen und wünschenswerten Situation ausgehen, in der Nummer Eins sowohl theoretisch wie tatsächlich die Leitung hat. Zunächst sind wir versucht anzunehmen, daß sämtliche Nummer Zwei sich ähnlich sind. Es ist so leicht, die ideale Nummer Zwei sich auszumalen – so zuverlässig, so ohne Aufhebens, tüchtig, immer zur Stelle, wenn er gebraucht wird, taktvoll abwesend, wenn er nicht erwünscht ist, so freundlich zu den Leuten im Büro und so ein reizender Onkel für die Kinder von Nummer Eins. Aber von solchen Nebensächlichkeiten wie diesen dürfen wir unsere Vorstellung nicht trüben lassen. Die Nummer Zwei sind *nicht* alle gleich. Einige halten sich im Hintergrund und machen sich klein, andere sind geheimnisvoll und verschlossen. Es gibt die Nummer Zwei, die sehr freundlich, jedoch schwer zu fassen ist, und es gibt den entgegengesetzten Typ, der abweisend und schweigsam ist. Einige sind rückhaltlos zur Zusammenarbeit bereit, aber der Vorstand hat, wie es scheinen will, etwas dagegen einzuwenden. Andere treiben Obstruktion, sind sauertöpfisch und nur durch Berufung auf eine höhere Autorität zu umgehen. In der Tat, es könnte so aussehen, als böten die Zweiten Männer in Gemütsart und Verhalten eine unendliche Verschiedenheit dar. Bei näherem Hinsehen jedoch lassen sie sich in zwei Grundkategorien einteilen: A) die es zufrieden sind, Nummer Zwei zu sein, B) die gern Nummer Eins werden wollen. Eine unverrückbare Linie zwischen der einen und der anderen Kategorie zu ziehen ist schwer, denn einzelne befinden sich in einem Übergangsstadium; immerhin bestehen diese Kategorien, und die Mehrzahl der Zweiten Männer kann in die eine oder die andere eingereiht werden.

Die unvermeidlichen und ewigen Nummer Zwei, denen (und das vielleicht von jeher) jeder höhere Ehrgeiz fehlt, sind unschwer herauszufinden. Sie offenbaren eine leichte Unstetigkeit des Interesses, ein Beschäftigtsein mit Dingen, die nicht unbedingt etwas mit dem Unternehmen zu tun haben. Sie sprechen vom Verband der Ratenzahler, vom Vereinsvorstand, von der Lokalpolitik, vom Ruderklub oder von der Handelskammer. Ihr Zuhause verrät, daß sie stets hier wohnen zu bleiben gedenken, wie sich an mancherlei Dauereinrichtungen ablesen läßt. Sie sind – das versteht sich – so tätig wie nur je und kommen nie (das heißt kaum jemals) zu spät ins Büro. Aber sie sind aus den ehrgeizigen Jahren heraus und haben angefangen, eher auf das Vorankommen ihrer Kinder stolz zu sein; auf ihres Sohnes Erfolg in Oxford oder auf das Erstgeborene ihrer verheirateten Tochter. Um den prädestinierten Nummer Zwei ist ein Flair von Beständigkeit und Bequemlichkeit. Er ist daran besser zu erkennen als an dem, was er sagt. Rein aus Gewohnheit mag er sogar noch von Beförderung reden, aber sein Auftreten straft seine Worte Lügen.

Es ist eine Kunst, der zufriedene Nummer Zwei zu sein; ob als der von Anfang an dazu prädestiniert oder als einer, dem die Rolle aufgezwungen wurde. Im wesentlichen liegt die Kunst darin, sich mit einem Helden zu identifizieren. Im Kino oder vor dem Fernsehschirm wird der normale Mensch sich bereitwillig mit dem Helden des Augenblicks identifizieren. Er vergegenwärtigt sich nicht, daß der Western im Studio spielt und der Spielleiter die zehnte Wiederholung der ersten Szene befohlen hat. Er wundert sich nicht, warum die Leute immer fallen, wenn sie getroffen werden, und trotzdem unverletzt wieder aufstehen. Er ballt seine Fäuste oder fährt mit seiner Hand streichelnd über eine imaginäre Pistolentasche, die Unerschrockenheit des Helden für die eigene haltend. Der ideale Nummer Zwei macht Nummer Eins zu seinem Helden und schreibt sich selber einen Anteil am Drama zu. Es heißt dann: «wir» fällten die Entscheidung, oder «wir» brachten die absurden Vorschläge auf der letzten Vorstandssitzung zu Fall. «Nummer Eins weiß alles, was vorgeht», sagt Nummer Zwei, «*den* können Sie nicht bluffen; *der* weiß, was gespielt wird.»

Doch kann der bewundernde Ton uns nicht über die Tatsache hinwegtäuschen, daß Nummer Zwei sich in Gedanken selbst in diese Rolle versetzt hat. Die Leistung von Nummer Eins ist teils seine Leistung geworden. Und die Nummern Zwei der Kategorie A, obzwar sie anfänglich verschieden sein mögen, neigen alle dazu, ihrer Nummer Eins mit der Zeit ähnlich zu werden. So kommt es, daß der Generalstabschef im Stil des Oberbefehlshabers schreibt und seine Worte so wählt, daß die Meldung kaum einer Änderung bedarf. Der ideale Nummer Zwei ist die Stimme seines Herrn und hat keine Extrameinung.

Wir kommen nun zu der wahrscheinlich größeren Gruppe von Nummern Zwei, der Kategorie B, deren Ehrgeiz es ist, Nummer Eins zu sein. Die Führungskräfte können in die Gruppen I, II und III eingeteilt werden. Die in Gruppe I wurden alle *seit* der Ernennung von Nummer Eins ernannt. Von Nummer Eins selbst unter den Abteilungsleitern ausgewählt, erscheint dieser Typ des Stellvertreters relativ jung und optimistisch, der – so sagt er wenigstens – nie eine solche Beförderung erwartet und nie zuvor ein so hohes Amt bekleidet hat. «Wahrhaftig», wird er beteuern, «es ist großartig, unter einem Mann wie Max Topplatern zu arbeiten! Jeden Tag lerne ich was Neues dazu. Ein prima Kerl und versteht seinen Kram! Ich weiß, ich bin ein Glückspilz!»

Mit seinem ergebenen Gerede, besonders in Hörweite von Herrn Topplatern, ist Hochhinauf offenkundig ein kommender Mann. Er kann sich (angeblich) nicht denken, warum der Chef gerade *ihn* herausgepickt hat, wo es doch in der Firma so viele gute Leute gibt. Aber *ihn* nahm er! Der Chef soll, was Hochhinauf betrifft, seine Wahl nie zu bedauern haben. Wenn Topplatern auf einer Konferenz ist, glänzt Hochhinauf als Stellvertreter. «Ich glaube nicht, daß Topplatern in diesem Fall so entscheiden würde», sagt er. «Ja», räumt er ein, «das entspricht ziemlich genau dem, was wir beabsichtigen.» – «Was den letzten Punkt anbetrifft», schließt er, «glaube ich, wäre es besser, zu warten, bis Topplatern zurück ist.» Und wenn Herr Topplatern von Pensionierung spricht, führt Hochhinauf die Stimmen an, die ihn drängen zu bleiben. «Vielleicht brauchen Sie Urlaub, Chef, aber wir alle wühschen Sie wieder an Ihren Schreibtisch zurück. Wir brauchen Sie noch, und wir können nicht glauben, daß Sie sich wirklich zur Ruhe setzen wollen.» Jeder nimmt an, Hochhinauf ist ein prima Kollege, und so ist sein Stern im Steigen.

Gruppe II umfaßt die Nummern Zwei, die ernannt wurden, *bevor* Nummer Eins seinen gegenwärtigen Posten übernahm. Sie waren jeweils von dem Vorgänger des Nummer Eins ausgewählt worden. Rutschwegg ist ein gutes Beispiel eines Nummer II (B II). Er ist der leitende Angestellte besten Typs, tüchtig, kooperativ und beliebt. Den Gerüchten nach hat der Aufsichtsrat dem gegenwärtigen Nummer Eins, Herrn Jungk, eine Chance gegeben, was er aber nie getan hätte, wäre nicht auf Rutschwegg Verlaß gewesen – den idealen Mann, um einem Chef beizustehen, dessen Erfahrung (zu jenem Zeitpunkt) schwerlich ausreichte. Und keiner kann leugnen, daß Rutschwegg (bei den jungen Leuten heißt er «Daddy») seine Sache großartig macht. In Wirklichkeit ist er nicht soviel älter als Nummer Eins, es hat nur häufig den Anschein – und manchmal neigt er ein bißchen zu unnötiger Geschäftigkeit. Aber ohne ihn wäre das Unternehmen nichts, rein gar nichts. Wenn einer das Geschäft kennt, dann er. Er kennt jeden mit Namen und ist stets zu Rat und Hilfe bereit. Er ist es, dem einfällt, daß ein Projekt wie das gegenwärtig zur Diskussion stehende schon 1937 erwogen worden ist. Falls es um eine komplizierte Sache geht, Rutschwegg ist der Mann, der sie in die Hand nehmen wird. Das Vertrauen, das der Vorstand in ihn setzt, erfüllt ihn mit schlichtem Stolz. Niemand hat je seine Loyalität gegenüber Nummer Eins in Frage gestellt, obschon manche ihn für den fähigeren von beiden halten. «Überlassen Sie das nur Rutschwegg», sagt Nummer Eins, und die Sache, um was auch immer es sich handeln mag, wird rechtzeitig zu Ende gebracht. Wollte man behaupten, die Produktionsleistung der Firma hinge von einem einzelnen ab, so würde Rutschwegg dieser Mann sein – jedenfalls denken das die meisten. Er ist mehr als wertvoll, er ist *unentbehrlich*.

Zur gleichen Kategorie und Gruppe wie Rutschwegg, aber mit anderen Methoden, gehört Leisetreter, unter den Führungskräften im Bellelektronik-Geschäft fraglos einer der fähigsten. Leisetreters Fähigkeit steht außer allem Zweifel. Er wäre Generaldirektor geworden, wenn nicht Viktor Sieger gerade verfügbar gewesen wäre. Ein wenig älter als Rutschwegg und älter aussehend, als er wirklich ist, war Leisetreter nie mehr als höflich zu Sieger. Dieser um acht Jahre jüngere Generaldirektor legt Leisetreter gegenüber eine freundliche Ungezwungenheit an den Tag, doch sie kann niemanden täuschen. Leisetreter seinerseits läuft vor unausgesprochener Kritik über. Über die Politik des Unternehmens befragt, umreißt er den gegenwärtigen Ausbauplan, zuckt die Schultern und setzt nach einer kleineren Pause hinzu: «Ob dieses Projekt das beste ist, was wir tun können... na schön, die Zeit wird's erweisen.

Einige von uns haben gelegentlich – doch das spielt jetzt keine Rolle. Sie kennen natürlich Sieger? Ein bemerkenswerter Mann! Ich weiß nicht, wie er das fertigbringt – ich weiß es wirklich nicht!» Man hört ihn oft sagen: «Ich weiß nicht, wie er das fertigbringt», und darin liegt genau das gewisse Maß an Doppeldeutigkeit, um Mutlosigkeit zu schaffen. Ohne je ein Wort zu äußern, das als illoyal bezeichnet werden könnte, verbreitet Leisetreter Zweifel über jede vom Chef getroffene Entscheidung. «Wenn wir in Sieger nicht das Vertrauen hätten, das wir haben, könnten wir beinahe annehmen, er habe die gegenwärtigen Markttendenzen falsch beurteilt. Aber ich nehme an, er muß wissen, was er tut. Er hat eine Art Intuition, und das ist, so glaube ich wohl, wertvoller als nur Erfahrung. Wir werden ja sehen...» Leisetreter ist ein Meister in trächtigem Schweigen – er hätte darin promovieren können –, und seine hochgezogenen Augenbrauen deuten mehr Mißtrauen an, als Worte ausdrücken könnten. Aus allem, was Leisetreter zu sagen unterläßt, wird offenbar, daß Siegers Versagen ein vollkommenes ist.

Nun zu Gruppe III, die ehemalige Nummern Eins umfaßt, die im Gefolge einer Fusion in das Unternehmen kamen. Da ist beispielsweise Ulrich Überhang, der als Nummer Zwei in den Riesenschluck-Konzern übernommen wurde, als seine eigene Gesellschaft (Offenherz, Puster und Co.) 1960 von diesem geschluckt wurde. Das Verhältnis zwischen dem Generaldirektor Gipfel und Überhang ist viel zu ausgesucht höflich, um glaubhaft zu sein. «Fragen wir doch Herrn Überhang um seine Meinung, ehe wir weitere Schritte unternehmen», sagt Gustav Gipfel. «Aber nein, wieso, Herr Gipfel», sagte Überhang, «Sie haben das bessere Urteil, ich würde lieber Ihrer Meinung folgen.» – «Sehr freundlich, Herr Überhang, aber auf diesem besonderen Gebiet haben Sie mehr Erfahrung.» – «Das möchte ich nicht sagen, Herr Gipfel, ich glaube, Sie verstehen davon mehr als wir alle.» – «Sie sind zu bescheiden, Herr Überhang», usw. usw. So plätschert die Diskussion fort, und Gipfel wünscht nichts sehnlicher, als daß Überhang nicht da wäre, und Überhang wünscht brennend, sonstwo zu sein. Der in seinem Rang zurückgestufte Nummer Eins stellt in der Wirtschaft ein häufiges Problem dar, ein Problem, für das es gewöhnlich nur eine Lösung gibt: Überhangs Pensionierung oder Versetzung.

Wenn wir die geschilderte Position dieser vier repräsentativen Nummern Zwei analysieren und vergleichen, erkennen wir sofort, daß Hochhinauf der einzige ist, der einer Beförderung gewiß sein kann. Normalerweise dürfen wir erwarten, daß er über kurz oder lang das Unternehmen verlassen wird, um Generaldirektor eines kleineren Konzerns im gleichen Wirtschaftszweig zu werden. Diese Ernennung wird auf Topplaterns Empfehlung hin erfolgen, der in einem privaten Schreiben nach-

drücklich betont hat, Hochhinauf sei der beste Mann, den er je eingearbeitet hat. Drei Jahre später wird Topplatern in den Ruhestand treten,
und es liegt auf der Hand, daß Hochhinauf sein Nachfolger wird.

So viel Glück ist Rutschwegg, dem als Nummer Zwei Unentbehrlichen,
nicht beschieden. Generaldirektor Jungk wird ihn niemals freigeben.
Sollte sich Rutschwegg auf Betreiben seiner Frau anderswo um den
Spitzenposten bewerben, wird Jungks Empfehlungsbrief seine Loyalität
und Fähigkeit hervorheben, aber auch leichten Zweifel an seiner Eignung als Nummer Eins einfließen lassen. «Als wirkliches Haupt eines
Unternehmens konnte sich Herr Rutschwegg noch nicht erproben, doch
besteht für mich kein Zweifel, daß er stets sein Äußerstes tun wird.»
Mit dieser Art von Unterstützung ist Rutschwegg selbst auf der kürze-
sten Bewerberliste nur der zweite Platz gewiß, und er wird Nummer
Zwei bleiben, außer, den Erwählten traf der Schlag und er fiel tot um,
als ihm der Posten angeboten wurde. Eine oft gestellte Frage lautet, ob
es Rutschwegg wirklich nach mehr Verantwortlichkeit verlangt, als er
hat. Wer kann das sagen? Rutschwegg selbst bestimmt nicht. In ihm
sind Enttäuschung und Erleichterung angenehm ausbalanciert. In Wahrheit war er – möglicherweise – anfänglich ehrgeiziger und ist es nun
etwas weniger. Einen Bewerber zurückweisen, ist weitgehend eine Sache
der Gewohnheit. Wer je einmal abgelehnt wurde, indem die Beförderung einem Jüngeren zuteil wurde, wird mit Gewißheit abermals über-
gangen. Ihn bei einer späteren Gelegenheit befördern, käme dem Eingeständnis gleich, daß die frühere Ablehnung ein Fehler war. Und das
ist absurd. Demnach stehen Rutschweggs Beförderungschancen im umgekehrten Verhältnis zu seiner gegenwärtigen Nützlichkeit. Seine Chancen schwinden und werden auf dem Nullpunkt anlangen.

Doch wie gering Rutschweggs Chancen sein mögen, im Vergleich zu
denen von Leisetreter sind sie geradezu rosig. Die Lage beider Männer
ist grundsätzlich die gleiche (B II). Jedem wurde ein jüngerer Mann vorgezogen. Nur ihre Reaktion war unterschiedlich. Dem Übergangenen
bleiben zwei Wege offen. Durch loyale Zusammenarbeit kann er zeigen,
daß er keinen Groll hegt. Oder er kann durch Beweise seiner überlege-
nen Intelligenz zeigen, daß die Entscheidung gegen ihn fraglos falsch
war. Beide Wege sind gefährlich, nur der letztere direkter. Denn die gegenseitige Abneigung zwischen Sieger und Leisetreter *muß* einen toten
Punkt herbeiführen. Leisetreter würde gern (als Nummer Eins) zu einer
kleineren Gesellschaft gehen, aber Sieger wird ihn darin niemals bestär-
ken. Theoretisch müßte Sieger sich sehnen, ihn loszuwerden, und das tut
er auch. Doch bewegt ihn dieses Verlangen selten heftig genug, als daß
er Leisetreters Bewerbung unterstützen und ihm ein glänzendes Zeug-
nis ausstellen würde. Leisetreters tatsächliche Beförderung wäre ein zu

hoher Preis für seine Beseitigung. Bei Sieger und Leisetreter ist das Gefühl des Widerwillens, den sie gegeneinander empfinden, in Wirklichkeit die Kraft, die sie zusammenhält. Und sollte Sieger eines Tages die Situation unerträglich finden, so würde er den Weggang von Leisetreter fast mit Sicherheit diesmal selber vereiteln. Seine befürwortenden Briefe wären nämlich sowohl zu überschwenglich wie zu zahlreich. Enthusiasmus über einen gewissen Punkt hinaus erregt Verdacht.

«Wenn dieser Bursche wirklich eine solche Kanone ist, warum ist Sieger so scharf darauf, ihn loszuwerden?»

«Kann sein, daß Sieger sich neben ihm klein vorkommt.»

«Wenn das der Fall ist, können wir Siegers Empfehlung kein großes Gewicht beimessen. Wir sollten uns doch Schmalzer nochmals ansehen, den Nummer Zwei von Wildt, Vorwärts und Co.»

Leisetreter kann sich also nicht einmal placieren. Und je konsequenter er nachweist, daß er recht hat, desto tiefer sinkt er im Kurs. Wer will schon einen Mann, der dauernd sagt: «Das habe ich Ihnen ja gleich gesagt?» Bei normalem Lauf der Dinge ist Leisetreter zum Scheitern verurteilt. Wäre er in der ersten Stellung Nummer Eins geworden, würde er ebensogut wie Sieger gewesen sein oder besser. Doch die Enttäuschung hat seinen Charakter und seine Aussichten verdorben. Er ist nicht mehr im Rennen.

Und wie steht es mit Herrn Überhang? Seine Aussichten sind verhältnismäßig gut. Zwischen den Nummern Eins besteht eine gewisse Brüderschaft, eine Art von Korpsgeist. Einmal dabei, gehören sie immer dazu. Und wenn einmal der Gang der Dinge Sie aus dem Kreis der Ersten Männer ausschließt, haben Sie eine ziemliche Chance der erneuten Aufnahme. Falls Überhang dem Ruhestandsalter noch nicht zu nahe ist, darf er als ehemaliger Nummer Eins hinsichtlich einer neuen Position auf Gipfels Hilfe rechnen. Es taugt nichts, frühere Nummern Eins auf dem Arbeitsmarkt feilzuhalten. Es schmälert das Ansehen der anderen, und sie wirken als Mahnung an etwas, das jedem von ihnen widerfahren kann. Es gibt eine ungeschriebene Spielregel, die besagt, daß der ins Wasser Gefallene, wenn möglich, wieder aufs Floß gehievt wird. Überhang weiterhin als Nummer Zwei zu haben ist Herrn Gipfel ohnehin ein Dorn im Auge.

Aus dieser Studie über die Zweiten Männer (A), die mit dem zufrieden sind, was sie sind, und die Zweiten Männer (B), die es nach Beförderung verlangt, wird deutlich geworden sein, daß es wichtig ist, nicht in die Rolle eines Nummer Zwei B zu geraten, dem die Beförderung verweigert wird. Dies dürfte zur Genüge klar sein. Doch was tun, wenn diese Rolle *Ihnen* aufgedrängt worden ist? Das kann jedem von uns passieren.

Darum mag der Leser eine Minute lang annehmen, daß es ihm geschehen ist. Wir wollen uns vorstellen, Ihnen sei der Spitzenposten verweigert worden, und der statt Ihrer berufene Mann ist sechs Jahre jünger als Sie. Sie selbst mögen es zur Zeit zufrieden sein, Nummer Zwei zu bleiben. Aber Ihre Frau ist *nicht* damit zufrieden, die Frau eines Nummer Zwei zu sein. Sie hat angefangen, Sie mit dem mitleidigen Blick zu bedenken, der dem prädestinierten Nummer Zwei in aller Welt vorbehalten ist. Ihre Tochter hat angefangen, von Ihnen als «armer alter Paps» zu reden. Die Lage ist ernst, um nicht zu sagen kritisch; es ist eine Frage des Jetzt oder Nie. Was werden Sie tun?

Ausgangspunkt Ihrer Erwägungen ist folgende Frage: «*Hatten sie recht, Sie zu übergehen?*» Bisher haben wir bei der Erörterung der Position von Rutschwegg, Leisetreter, Hochhinauf und Überhang angenommen, alle diese Zweiten Männer sind oder waren einmal fähig, Nummer Eins zu sein. Es gibt viele Zweite Männer, von denen dies unparteiisch gesagt werden kann. Doch es gibt ebenso ehrgeizige und zweifellos fähige andere, die im Falle der Berufung zum Nummer Eins versagen würden. Wir können auch nicht das wesentliche, ja unentbehrliche Merkmal eines Nummer Zwei erkennen, sofern wir nicht seine Unzulänglichkeiten analysieren. Was unterscheidet den geborenen Nummer Eins von dem gegebenen, aber in seiner Anwartschaft enttäuschten Nummer Zwei? Da Sie zu bescheiden sind, um Ihre eigene Beschwerdeführung laut werden zu lassen, fragen wir Ihre Frau, ob der Aufsichtsrat recht daran tat, Sie abzulehnen. Nehmen wir an, ihre Antwort lautet etwa so:

«*Recht?* Sind Sie noch bei Trost? Alle Welt weiß, daß Tony der bessere Mann ist. Er ist seit Jahren die Seele des Geschäfts. Schließlich muß er von dem Kram ja was verstehen, nachdem er schon seit 1946 dem Betrieb angehört. Wie hat er damals – wir waren gerade jung verheiratet – geschuftet! Er pflegte bis in die Nacht hinein zu arbeiten, nur um die Antwort bereit zu haben, wenn der Chef irgendwelche Angaben brauchte. Tony ist schwer in Ordnung! Und außerdem mögen ihn alle. Jawohl, jeder. Da gibt's kein Murren, wenn Tony sagt, die Leute müssen länger bleiben. Sie wissen, daß es dann wirklich nötig ist, und sie wissen, daß er als letzter nach Hause geht. Wenn auch ich es bin, die das sagt – aber Tony ist wirklich der beste, den sie hätten nehmen können. Aber was tun sie? Sie entdecken diesen Knaben Steiger mit seiner billig aussehenden Frau! Es ist das Hirnrissigste, was sie je gemacht haben!»

Unterstellen wir, daß alles stimmt, was Ihre Frau sagt. Sie sind alles das, was sie glaubt, und noch mehr. Aber wir haben keinen Beweis, daß Sie der verkörperte Nummer Eins sind. *Sind Sie es?* Die Antwort, die Sie sich selber auf diese Frage geben, ist wichtig. Sie müssen an sich selber glauben, ehe andere an Sie glauben können. Ihre eigene Meinung über sich selbst kommt zuerst, und sie kann entscheidend sein. Die Zeitungen bringen gelegentlich Selbstbefragungen, wobei die Leute aufgefordert werden, an Hand von oftmals zwanzig und mehr Fragen ihre persönlichen Eigenschaften zu bewerten. Für Sie, für den Mann, der dem Enderfolg so nahe ist, für einen in jeder Weise befähigten Nummer Zwei, gibt es nur drei Fragen, und diese lauten wie folgt:

Frage Eins: *Wenn Sie einen Schnupfen oder erhöhte Temperatur haben, an welchem Tag der Woche beginnt dies?* Denken Sie sorgfältig nach. Vielleicht werden Sie antworten: «Nun ja, das kann vermutlich an jedem Tag losgehen. Ich weiß es nicht, ich hab's mir nicht gemerkt.» Falls das Ihre Antwort ist, dann ist Nummer Zwei der richtige Rang für Sie. Denn der prädestinierte Nummer Eins wird ohne Zögern antworten: «All meine Unpäßlichkeiten beginnen freitags nachmittags, und am Montagmorgen bin ich stets wieder auf dem Damm.» Der Witz ist, daß ein zur Nummer Eins geeigneter Nummer Zwei nie krank sein darf, zumindest erst etliche Jahre nach seiner Beförderung. Jeder kann nach Belieben Grippe haben, und viele haben sie obendrein alle in derselben Woche. Und gerade das macht es um so wichtiger, daß *Sie* im Büro sind. – Laß die Epidemie so ansteckend sein, wie sie will. Sie sind an Ihrem Schreibtisch zu finden. Aber kann der Patient den Ausbruch einer Krankheit derart beherrschen? Gewiß, er kann. Und zwar ohne bewußte Anstrengung, weil bei dem geborenen Chef (falls Sie einer sind) die Erkrankung unbewußt in Schach gehalten wird. Es gibt einen inneren Mechanismus, der die Bazillen von Montag bis Freitag an der Leine hält. «Du darfst jetzt nicht krank werden», flüstert es, «heute nachmittag ist Mitarbeiterbesprechung.» – «Denk an das Mittagessen mit Direktor Trübwitz», zischelt es, «du kannst noch nicht anfangen zu niesen!» Dieser eingebaute Mechanismus arbeitet tadellos bis Freitag nachmittag. Obgleich nicht mehr in Höchstform, erledigen Sie alle dringenden Geschäfte und sind etwa um 15.30 Uhr im Begriff, die Ausgangspost zu unterzeichnen. Zu diesem Zeitpunkt bemerkt Ihre Sekretärin zum erstenmal, daß Sie nicht wohl aussehen. Während sie ihren Kommentar dazu gibt (im Tone mütterlichen Mitgefühls, den sie auf der Sekretärinnenschule gründlich geübt hat), niesen Sie. «Ach du meine Güte, Herr Obenauf, ich glaube, Sie haben ein bißchen Grippe!» Sie merken, daß sie (wie immer) recht hat, und der plötzlich ausgeleierte innere Mechanismus murmelt: «Na schön, laß die Grippe raus! Sei so krank, wie du willst – bis Sonntag um Mitternacht.» Sie taumeln aus dem Büro, kaum fähig, auf den Füßen zu bleiben. Mit heißem Whisky und Zitrone kriechen Sie ins Bett. In der Nacht steigt Ihre Temperatur auf 41 Grad, und Sie fragen sich, ob Ihnen eine Fifty-fifty-Chance zum Überleben bleibt. Keiner kann so erbärmlich krank sein wie der, dessen allgemeine Gesundheit hervorragend ist. Am Samstag verlangen Sie mittags nach Ihrem Anwalt (nicht aufzutreiben, weil zum Angeln gefahren) mit dem Hinweis, Sie müßten Ihr Testament ändern, weil Sie einer medizinischen Forschungsgesellschaft eine kleine Zuwendung machen wollen. Samstagnacht sind Sie dem Tode nahe. Am Sonntagmorgen kommen Sie wieder zu sich. Den Nachmittag widmen Sie Ihrer Genesung. Und Montag morgen sitzen Sie völlig in Ordnung wieder hinter Ihrem Schreibtisch. Das Vorhandensein oder Fehlen dieses inneren Mechanismus ist eine einfache Tatfrage. Haben Sie ihn nicht, dann haben Sie nicht das Zeug zum Nummer Eins. Sie haben ihn? Gut, gehen wir zur nächsten Frage über.

FRAGE ZWEI: *Sind Sie gewillt, alles das zu tun, was die anderen Mitarbeiter nicht tun können oder nicht tun wollen?* Theoretisch ist jeder, dessen Name auf der Gehaltsliste steht, dazu da, zu tun, was er oder sie geheißen wird zu tun. Praktisch jedoch tun sie, was ihnen gefällt. Der eine findet Geschmack an Public Relations, der andere hat eine Vorliebe dafür, Dokumente dort abzulegen, wo sie niemals wiedergefunden werden können. Dem einen gefällt es, Organisationsschemata zu zeichnen, der andere läuft herum und knipst überall die Beleuchtung aus. Nur *einer* kann nicht tun, was ihm gefällt: Nummer Eins. Denn an ihm bleibt zusätzlich zu seinen normalen Aufgaben alles hängen, was an Arbeit übrigbleibt. Und keiner ahnt, was das alles heißen kann. Vielleicht gehört die Ausarbeitung der Urlaubsliste dazu oder die Auswahl der Anstrichfarben. Einmal ist es die Kontrolle des Gasverbrauchs, ein andermal die Überprüfung der Heizung. Was immer es auch sein mag, es bleibt niemand, der es tut — außer Nummer Eins. Was keiner tun will, das bleibt an ihm hängen oder landet am Ende bei ihm. Sind Sie unbekümmert darauf gefaßt? Sie sind es? Wenden wir uns also der letzten Frage zu, die nicht ganz so einfach ist.

FRAGE DREI: *Sind Sie gewillt, Jupp Schlurer zu entlassen?* Sie kennen ihn natürlich. Jede Unternehmung hat oder hatte einen Jupp Schlurer. Er ist durchaus rechtschaffen und allgemein beliebt und einer der wohlmeinendsten Burschen, die es gibt. Er bummelt unbeschwert herum, unbeantwortete Briefe in der Tasche, Frühstücksspuren auf der Krawatte, Zigarettenasche auf den Hosen und ein gedankenloses Lächeln auf dem Gesicht. Jeder kennt Jupp als einen netten alten Faselhans mit einer beliebten Frau und fünf schulpflichtigen Kindern. Es mag manches dafür sprechen, Jupp auch weiterhin zu behalten. Doch wir wollen annehmen, dies sei hier nicht der Fall. In einem anderen Unternehmen wäre er vielleicht brauchbar, sogar von unschätzbarem Wert als der Mann, der immer unrecht hat. Aber die Zeiten sind hart, die Konkurrenz ist wachsam, Geld ist rar, und wir können uns keine Fehler mehr leisten. Jupp muß gekündigt werden. Als Nummer Eins ist es Ihre und niemandes sonst Aufgabe, Jupp kommen zu lassen und ihm zu eröffnen: «Sie taugen nicht für unseren Betrieb, und ich kündige Ihr Arbeitsverhältnis zum 1. Oktober. Suchen Sie sich bis dahin einen anderen Posten. Bis auf einen Meineid will ich gern alles für Sie tun, um Ihnen behilflich zu sein.» Er wird weiß im Gesicht, seine Hände fangen an zu zittern. Er will etwas von seiner bisherigen Arbeit stammeln, von seiner Frau und den Kindern, worauf Sie antworten werden: «Tut mir leid, Herr Schlurer, aber meine Entscheidung ist endgültig.» Sind Sie gewillt, das zu tun? Aber damit ist der Test noch nicht zu Ende. Denn nachdem Sie Jupp Schlurer in die Augen gesehen und gesagt haben: «Sie sind entlassen», müssen Sie nach Hause gehen und ruhig schlafen können, ohne dieser Sache noch einen einzigen Gedanken zu widmen.

Ein guter Nummer Zwei sein (der Sie sind), dazu braucht es Wissen, Können, Geschick und Takt. Als Nummer Eins brauchen Sie das alles auch und noch etwas dazu: Jene Spur von Unbarmherzigkeit, die den Mann an der Spitze kennzeichnet. Ein General kann der Pflicht zur Sprengung einer Brücke nachkommen, obwohl er weiß, daß von seiner Truppe noch einige auf der anderen Seite stehen. Einem Schiffskapitän kann es geschehen, daß er das Schließen der Schotten befehlen muß, obgleich die Heizer dahinter in der Falle sitzen. Eine derartige Entscheidung wird auch nicht mit kinomäßigem Gefühlsaufwand getroffen. Sie fällt ruhig und kalt, nur einen ständig wechselnden Ausdruck um Mund und Augen zurücklassend. Stehen Sie diesen Schlußtest in seiner weniger kriegsmäßigen Form durch? Wohlgemerkt, es geht nicht allein darum, ob Sie Jupp Schlurer entlassen, Sie müssen anschließend auch ruhig schlafen können. Sie dürfen sich nicht fragen: «Habe ich richtig gehandelt?» Kein Hin- und Herraten, was nun aus den Schlurers werden wird, sondern sofort aufs nächste Problem umschalten, und das könnte ausgerechnet die Entlassung von noch irgend jemand sein.

Angenommen, Sie haben auf jede dieser drei wichtigen Fragen die richtige Antwort erteilt. Ihre Unpäßlichkeiten treten alle zwischen Freitagnachmittag und Montagmorgen auf. Sie sind imstande und gewillt, jegliche Arbeit zu tun, die sonst liegenbleibt. Und Sie sind darauf gerüstet, Jupp Schlurer zu entlassen. Mit all Ihrer Erfahrung und Fähigkeit, mitsamt den drei zusätzlichen Eigenschaften, die Sie als zur Führerschaft bestimmt kennzeichnen, haben Sie nichtsdestoweniger einen Korb bekommen. Mit einem kaum glaublichen Mangel an gesundem Menschenverstand hat der Aufsichtsrat einen jüngeren Mann zum Chef ernannt, und Sie bleiben Nummer Zwei.

Irren ist menschlich – der Aufsichtsrat hat geirrt; dieses Malheur kann jedem passieren. Und auf diese Weise hat es trotz jahrelanger erfolgreicher Arbeit eben Sie erwischt. Der neue Nummer Eins ist erschienen, und Sie haben ihm im Namen der Angestellten den Willkomm entboten. Sie haben Ihre eigenen herzlichen Glückwünsche hinzugefügt und insgeheim für sich bemerkt, daß sein Haar schütter und sein Anzug schlecht geschneidert ist. Ihre Frau überlegt, daß die Frau von Nummer Eins älter sein muß, als sie vorgibt, und daß sie ein bißchen (frei heraus gesagt), *schlampig* gekleidet ist. Die Zeremonie ist vorüber, und nun ist die Frage, was tun Sie als nächstes?

Bis vor kurzem hätte es auf diese Frage noch keine Antwort gegeben. Die einzige Hoffnung für Nummer Zwei liegt, so hätten wir zugeben müssen, in der Möglichkeit einer langen und ernsten Krankheit des Nummer Eins, so daß Nummer Zwei, falls Nummer Eins sein Amt aufgibt oder stirbt, bis dahin fest im Sattel sitzt. Indessen ist eine derartige Krankheit tatsächlich außerordentlich unwahrscheinlich. Wie das Sprichwort sagt: Gekittete Töpfe halten am längsten. Oder: Wer eine Leibrente bezieht, lebt ewig. Auf die Erkrankung von Nummer Eins warten, ist schlecht. Ihn aus dem Wege manövrieren, ist besser. Einst glaubte man, man könnte diese Leute mittels einer Kombination von Fragebogen und Luftreisen zum Abtreten zwingen. So vernünftig diese Methode damals war, heute wirkt sie nicht mehr, was auch niemanden überrascht, der je Schädlingsbekämpfungsmittel verwendet hat. In den ersten Jahren zeigt ein Insektenpulver bekanntlich gewisse Erfolge; vielleicht tötet es die Moskitos nicht, gibt ihnen aber bestimmt das Gefühl, unerwünscht zu sein. Im zweiten Jahr macht es ihnen nichts mehr aus; sie sind daran gewöhnt. Im dritten Jahr mögen sie es schon. Und es ist ganz gut möglich, daß sie im vierten Jahr ohne es schon nicht mehr leben können. So geht es auch unseren hohen Führungskräften. Sie betrachten das Flugzeug heutzutage mit einer Toleranz, die schon fast an Zuneigung grenzt. So entstand denn bei uns ein dringendes Bedürfnis nach einem anderen Mittel, diesen Senioren beizukommen. Es gibt eines, aber es ist noch geheim und wird jetzt zum erstenmal enthüllt.

Diese supermoderne Form von Nummer-Eins-Abschuß macht die Anwendung der Management-Wissenschaft notwendig. Sollten Sie als Nummer Zwei mit der Management-Wissenschaft nicht vertraut sein, muß Ihr erster Schritt darin bestehen, einen Akademiker, etwa aus Wissendorf, anzuheuern. Experten auf diesem Felde sind zahlreich und billig, so daß es nicht schwierig sein dürfte, den Management-Wissenschaftler einer Handelsschule anzuwerben. Nehmen wir an, der Auserwählte ist Dr. Höllranzen, dessen Ehefrau eine bekannte Spezialistin in Behaviorismus (ein seelenkundliches Verfahren) ist. Sie überreden Nummer Eins zu der Erlaubnis, die Hauptverwaltung zum Gegenstand einer arbeitstechnischen Durchleuchtung zu machen. Die Kosten für das ganze Programm wird (so erklären Sie ihm) das Irrgang-Institut tragen, das drei Forschungsassistenten gestellt hat. Und nun ist der Vorstand im Begriff, den ersten Zwischenbericht entgegenzunehmen.

SIEGFRIED: Punkt 3. Bericht von Dr. Höllranzen. Abschriften hiervon wurden in Umlauf gegeben. Irgendwelche Anmerkungen?

HAGEN: Ich schlage vor, Nummer Eins, daß wir Dr. Höllranzen, da er anwesend ist, um Erläuterung seines Berichts bitten.

SIEGFRIED: Sehr gut, Nummer Zwei. Dr. Höllranzen, Sie haben das Wort.

DR. HÖLLRANZEN: Meine Herren, es ist mein Bestreben, unseren Interimsbericht in der einfachsten Form zu erstatten. Die bereits zutage geförderten Fakten gebieten unverzügliches Handeln. Auf den Schlußstrich warten, hieße, uns die Situation aus der Hand gleiten zu lassen. Kurz gesagt, ich habe also eine vorläufige Untersuchung Ihrer Organisation durchgeführt, indem ich mich der Felwerthschen nichtlinearen Extension der optimalen Reichweite ...

HAGEN: Hoffentlich unter Einschluß der internen Wertigkeitsprüfung?

DR. HÖLLRANZEN: Natürlich. Eine Anmerkung über das diagnostische Verfahren finden Sie im Anhang K. Unter Anwendung des Systems der zufälligen Variablen und Benutzung des Stochastik-Modells, ferner unter Zuhilfenahme unserer bisherigen Erfahrungen auf dem Gebiet der Betriebsuntersuchung und der Entscheidungstheorie konnten wir der bedeutsamen Schlußfolgerung nicht ausweichen, die wir auf den Seiten 34 bis 37 tabellarisch festgehalten haben.

SIEGFRIED: Sehr interessant, aber ich verstehe wirklich nicht ...

HAGEN: Verzeihen Sie, Nummer Eins, wenn ich Sie unterbreche, aber ich glaube, ich kann den Abschnitt erklären, den Sie unverständlich finden. Ich habe mir ebenfalls darüber den Kopf zerbrochen und fragte Dr. Höllranzen, warum er sich nicht der einfacheren Methode des Filkensteinschen Leersatzes bedient hat. Er konnte mich jedoch alsbald überzeugen, daß quadratisches Programmieren in diesem Fall nicht zweckdienlich gewesen wäre. Ich glaube, daß Sie den Bericht im übrigen für ebenso klar wie zwingend halten.

Halten Sie nun inne und denken Sie nach. Denn die Vorstandssitzung ist an einem Punkt angelangt, der in der Stierkampfarena «Zeit zu bekennen» heißt. Für Nummer Eins ist es eine Frage des Jetzt oder Nie. Um wieder Herr der Lage zu werden, muß er an diesem Punkt seine Kopie des Interimsberichts in den Papierkorb werfen und sich mit den folgenden oder ähnlichen Worten an Dr. Höllranzen wenden:

SIEGFRIED: Für mich klingt das alles wie Schaumschlägerei und leeres Geschwätz. Ich habe nicht die geringste Vorstellung, wovon Sie reden, und auch keinen Grund zu glauben, daß es irgend etwas bedeutet. Falls Sie konstruktive Anmerkungen bezüglich unserer Organisation zu machen haben, bitte ich mir dieselben allgemeinverständlich gehalten aus, und legen Sie dar, was Ihrer Meinung nach getan werden sollte. Aber reden Sie nicht mit mir wie mit einem Digitalcomputer. Ich schätze das nicht, begreife es nicht und wünsche es nicht.

Mittels dieser brüsken Reaktion, die Dr. Höllranzen klein wie ein Däumling werden läßt, kann der Nummer Eins das ganze Komplott vereiteln. Alle Anwesenden werden augenblicklich und im Chor ihm zustimmen, daß der Interimsbericht ein ganz bedeutungsloses Gefasel ist. Der Gründer der Gesellschaft, der alte Thomas Hartsott, hätte ebenso gehandelt. Aber die heutigen Führungskräfte sind selten Männer seines Kalibers. Es gehört einiger Mut dazu, seine ärgerliche Unwissenheit in einem ganzen Kreis von Führungskräften zu bekennen, von denen ein jeder vorgibt, dem Vortrag zu folgen. Doch in neun von zehn Fällen wird Nummer Eins bei diesem Test versagen. Er wird Verständnis heuchelnd mit dem Kopf nicken. Und von diesem Moment an wird er die Herrschaft über die Sitzung verloren haben, die etwa folgendermaßen weitergeht:

SIEGFRIED: Ich danke Ihnen, lieber Hagen. Der Bericht hätte wohl etwas klarer formuliert sein können, aber ich glaube, wir verstehen alle, worauf es Herrn Dr. Höllranzen ankommt. *Blickt umher.*

ALLE *schnell*: Jaja, völlig klar.

HAGEN: Na schön, zwar scheine ich hier der Begriffsstutzige zu sein, aber ich zerbreche mir noch immer den Kopf über die letzte Hälfte von Seite 41. Was soll denn die Spieltheorie mit dem dynamischen Programmieren zu tun haben?

DR. HÖLLRANZEN: Ich freue mich, daß Sie diese Frage gestellt haben. Meine Symbol-Manipulations-Sprache ist nicht so verständlich, wie sie es sein müßte. Die Seite 41 faßt mein richtungweisendes Ausgleichsverfahren zusammen, welches zu der nicht grundlegenden Bestfall-Lösung auf der nächsten Seite führt.

HAGEN: Aber diese Lösung ist bestimmt unvereinbar mit der Kombinationsanalyse und Topologie auf Seite 17. Bitte, sehen Sie selbst. Sie sagen hier

$$II = \frac{1}{mm} - (p + h^2)$$

Wo bleibt da die Wahrscheinlichkeitsrechnung?

DR. HÖLLRANZEN: Auf multipersonale Wechselwirkung läßt sie sich nicht anwenden. Ich hätte sie angewandt, wenn ich mich, wie ich freimütig eingestehe, einer anderen Methodologie bedient hätte. Aber die Ergebnisse wären mehr oder weniger die gleichen gewesen.

HAGEN: Das stelle ich durchaus nicht in Frage. Der Abgrenzungsdruck wäre davon nicht berührt worden.

DR. HÖLLRANZEN: Exakt. Es ist eine Frage der Kybernetik und der Anwendung des Minimaxprinzips. Im Grunde genommen sind wir, glaube ich, einer Meinung.

HAGEN: Stimmt. Ihr erschöpfender Allegorithmus hinterläßt in mir allerdings eine Bedauernsfunktion, die einer Analyse nicht zugänglich ist.

DR. HÖLLRANZEN *herzlich lachend*: Großartig, sehr gut!

ALLE *nervös lächelnd*: Hahaha!

HAGEN: Also wir müssen, soweit ich sehe, diesen Bericht nunmehr auf die Motivaktivierung in unserem Hause anwenden. Ich schlage jedoch vor, etwaige Maßnahmen zu vertagen, bis uns Teil II des Schlußberichts vorliegt, was in etwa drei Wochen der Fall sein wird. Die Angelegenheit kann vermutlich bis dahin warten, aber viel länger wohl nicht – einverstanden?

DR. HÖLLRANZEN: Wir brauchen eine endgültige Entscheidung noch vor Monatsende.

HAGEN: Ganz recht – und wir werden uns mit dem Teil II erst etwas eingehender befassen müssen, ehe wir unser Programm skizzieren.

SIEGFRIED *verschüchtert*: Etwas eingehender?

HAGEN: Nun, wir müssen doch wissen, was wir tun wollen.

SIEGFRIED *niedergedrückt*: Ich denke, ja.

HAGEN: Und ich meine, wir sollten Dr. Höllranzen unseren Dank für seinen Beistand aussprechen.

ALLE: Jaja, wirklich recht wertvoll.

DR. HÖLLRANZEN: Ohne die Hilfe der drei Forschungsassistenten, die mir das Irrgang-Institut zur Verfügung stellte, hätte ich diesen Interimsbericht nie erstellen können. Fräulein Gähnent und ihre beiden Schwestern haben gute Arbeit geleistet. Darf ich ihnen den Dank der Gesellschaft übermitteln?

SIEGFRIED: Ich denke, ja.

DR. HÖLLRANZEN: Die Damen werden es sehr zu schätzen wissen.

SIEGFRIED: Und nun, Herr Dr. Höllranzen, wollen Sie sich gewiß wieder Ihren Untersuchungen widmen. Nochmals vielen Dank, Herr Doktor... Also – Punkt 4. Kostenvoranschlag für die Reparatur des Kraftwerkdaches. Bitte, Herr Neumacher?

Bei Tagesordnungspunkt 4 wird Nummer Eins den starken Mann hervorkehren, aber nichtsdestoweniger hat er an Boden verloren. Schon

nächste Woche hat er, ohne die geringste Vorstellung von dem, was erörtert werden soll, eine weitere Diskussion mit Doktor Höllranzen vor
sich. Dann kommt der Schlußbericht. Dr. Höllranzen hat sein Meister-
stück darin eingearbeitet, das Modell zur Veranschaulichung der Rangordnung in der Hauptverwaltung. Da selbiges dem Nummer Eins den
letzten, tödlichen Streich versetzt, lohnt sich die Reproduktion. Hier ist
es:

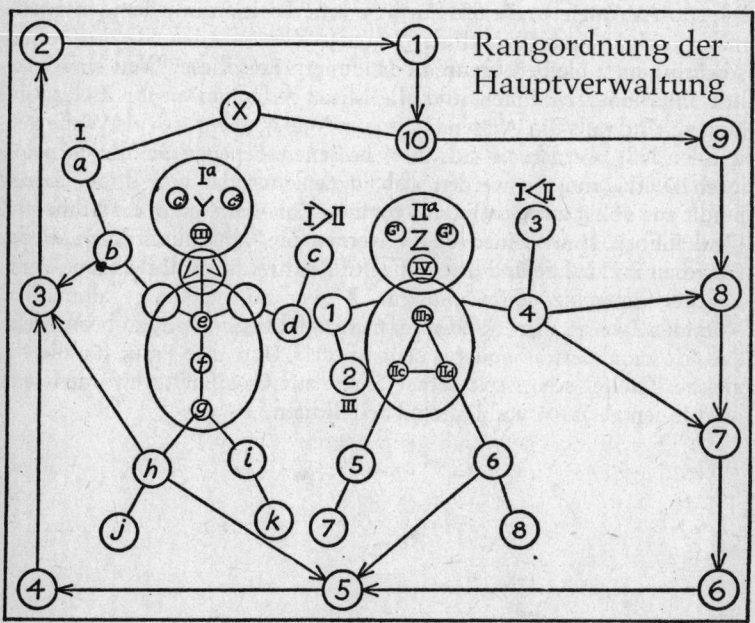

Angesichts dieser graphischen Darstellung des Kräfteverhältnisses wird
sich Nummer Eins ein dumpfes Stöhnen entringen. «O nein», wird er
flüstern, «das nicht!» Aber das ist nichtsdestoweniger das, was er zu
gewärtigen hat. Es bleibt ihm nur übrig, sich mit einer Migräne ins Bett
zurückzuziehen und die Durchführung der geplanten Reorganisation
Nummer Zwei zu überlassen. Wann immer Nummer Eins Anzeichen
von Genesung erkennen läßt, wird ein leichtes Wedeln mit dem obigen
Diagramm oder ein fernes Echo von Dr. Höllranzens Stimme zu einem
Rückfall ausreichen. Der Zeitpunkt für die Pensionierung von Nummer
Eins naht heran, und es unterliegt keinem Zweifel, wer sein Nachfolger
sein muß. Es besteht auch kein Zweifel, was mit Dr. Höllranzen geschieht, sobald die Abschiedsworte mit Nummer Eins gewechselt sind.

«Raus!» werden Sie kurz und bündig sagen und damit einmal mehr unter Beweis stellen, daß der gedungene Mörder nach vollbrachter Tat nicht mehr willkommen ist.

Zögern Sie, sich dieser Methode zur Beseitigung von Nummer Eins zu bedienen? Schaudern Sie vor der Behandlung eines Menschen mit derart ausgeklügelter Grausamkeit zurück? Wenn dem so ist, gereicht es Ihnen zur Ehre. Sie haben einen erhabenen Moralkodex und höhere ethische Prinzipien als mancher Religionsdiener. Sie haben all jene selbstlosen Antriebe, die Sie für die zweite Position in jedem Unternehmen tauglich machen, und als Nummer Zwei werden Sie dort wahrscheinlich auch bleiben. Denn die Nummern Eins dieser Welt sind letztlich unbarmherzig. Ihnen sind alle Mittel recht, um an ihr Ziel zu gelangen. Und falls die Wissenschaft vom Management sich als Waffe verwenden läßt, werden sie sich ihrer bedienen. Scheuen Sie diesen nebulosen Dolch, und Sie werden alsbald denken (und von Ihrem Standpunkt aus völlig zu Recht), daß Nummer-Eins-Sein kaum die Mühe und Qual lohnen kann. Eines Tages werden Sie, am Kamin sitzend, das Pfeifchen im Munde und den Kaffee in Reichweite, zu Ihrer Frau sagen: «Ehrgeiz ist ganz schön und gut... aber mir gefällt es allmählich, Nummer Zwei zu sein. Weißt du, manchmal beginne ich zu bezweifeln, daß ich jemals etwas anderes sein werde.» Und Ihre Frau, für die der gleiche Zweifel schon seit sechs Jahren zur Gewißheit geworden war, wird Ihnen gelassen und lächelnd beipflichten.

Ein Industrieimperium, wie Sie eines zu beherrschen trachten, ist kein mechanisches Gebilde, bei dem Stahlträger auf Betonblöcken ruhen. Es ist eher das Ergebnis eines biologischen Vorgangs, bei dem Samen und Paarung, Wachstum und Fruchtbarkeit die beherrschende Rolle spielen. Die Welt der Wirtschaft ist eine Allee, wo Parasiten an den Bäumen haften; ein Garten, wo Unkraut zwischen den Blumen sprießt; ein Obstgarten, wo Bienen die Pollen der Unternehmerwissenschaft von einer Pflanze zur anderen tragen; ein Wald, wo die Zweige der Wirtschaftstheorie strikt den Vögeln gehören. In diesem Wunderland der Natur sind die Fakten des Lebens nicht zu übersehen. Einer dieser Fakten ist das Geschlecht, und wir täten unrecht daran, es nicht wahrhaben zu wollen. Autoren des Viktorianischen Zeitalters, die sich mit der Welt der Wirtschaft befaßten, waren, obgleich verstohlenen Anzüglichkeiten keineswegs abgeneigt, dem Sexual-Aspekt gegenüber zurückhaltend. Heute haben wir gelernt, solche Dinge frei und offen zu erörtern. Wir geben unseren Kindern illustrierte Broschüren über die Blumen und die Bienen und sprechen untereinander (vielleicht zu oft) davon, wie schön die Mysterien der Natur sind. Wir können die Tatsache, daß auch die Haftpflicht GmbH. ein Geschlecht hat, nicht länger verheimlichen.

Wie jede Blüte oder Staude ist auch jeder Industriebetrieb entweder männlich oder weiblich. Äußere zuverlässige Geschlechtsunterschiede, wie sie in der Welt der Lebewesen zu beobachten sind, fehlen allerdings. Geschlechtsbestimmung in der Wirtschaft ist daher Sache des Experten. Ihr Erfolg im Leben kann jedoch davon abhängen, ob Sie ein solcher Experte werden. Bevor Sie in den Vorstand einer Gesellschaft eintreten, müssen Sie deren Geschlecht ermitteln, was gar nicht so schwierig ist, wie einige Schriftsteller zu behaupten pflegen. Schließlich sind auch die Geschlechtsmerkmale eines Unternehmens weitgehend jenen der Lebewesen ähnlich. Allerdings sollten Sie in der Übervereinfachung des Problems nicht so weit gehen und etwa die inkorporierten Geschlechter als Großhandel und Einzelhandel identifizieren. Zwar mag es im Großhandel eine Tendenz zum Männlichen und im Einzelhandel zum überwiegend Weiblichen geben, dennoch wäre es falsch zu glauben, dies sei unveränderlich. Bei einer derart groben Aufgliederung bliebe das Geschlecht von manchem Unternehmen unbestimmt, alldieweilen sie Mißverständnisse und daraus folgende Verwirrung heraufbeschwört, woraus sich Irrtümer über das Geschlecht anderer ergeben. Dem Beobachter, der weiß, welches die Geschlechtscharakteristika sind, unterlaufen keine Irrtümer.

Ein männliches Industrieunternehmen ist vor allem an seinem groben Äußeren zu erkennen. Es mag ziemlich sauber sein, hat aber keine Mühe darauf verwendet, attraktiv auszusehen, zu gewinnen. Die Aufmachung ist eher praktisch als gefällig, der Maschinenpark nicht zur Gänze unter Dach und Fach und der Anstrich des Mauerwerks konservativ und nüchtern. Mit dieser unfreundlichen Erscheinung geht eine anmaßende Werbung einher, eine eher ungeschminkte Behauptung, das im Augenblick Beste und Billigste anzubieten. Das Unternehmen ist aufgeschlossen, aushäusig und neugierig; seine Repräsentanten besuchen lieber andere Unternehmen, als daß sie darauf warten, von den anderen besucht zu werden. Mit derartigen prahlerischen Manieren steht eine gewisse Nachlässigkeit in bezug auf Details in Einklang, als da sind: mangelnde Kontrolle des Postausgangs, mangelnde Fensterreinigung, Unterlassung von Feuerschutz-Probealarmen. Zu alledem gesellt sich noch männliche Übertreibung. Angesichts eines Bruttoumsatz-Rückganges trachtet der männliche Drang weniger nach Einsparungen als nach Erschließung einer weiteren Einkommensquelle. Es ist darauf hingewiesen worden, daß das männliche Unternehmen polygam ist, da es eine Neigung an den Tag legt, zeitweilige Bindungen anzuknüpfen oder zumindest sich gelegentlichen Flirts zu ergeben. Dieser Theorie kann nicht ohne gewisse Vorbehalte zugestimmt werden, aber unleugbar entbehrt sie nicht einer gewissen Grundlage. Während manche oder sogar die meisten männlichen Unternehmen ihren Hauptgeschäftsfreunden treu sind, haben die übrigen eine Neigung zur Unbeständigkeit und (vielleicht) alle eine Neigung zum Umheräugeln. Schließlich neigt das männliche Unternehmen noch dazu, seine männlichen Nachkommen mit einiger Strenge zu behandeln, indem es ihnen rät, sich selber durchzuschlagen, und jeden bestraft, dessen Spielverluste übertrieben hoch erscheinen.

Das weibliche Unternehmen zeigt alle entgegengesetzten Charakteristika. Seine Fabrikgebäude sind hübsch gelegen, schmuck in Pastellfarben getönt und haben Blumenrabatten nahe dem Eingangstor. Aber mit der attraktiven Aufmachung geht eine gewisse Sittsamkeit einher. Zu einigen Teilen des Herstellungsprozesses ist gewöhnlich der Zutritt nicht erlaubt, und auch in anderer Hinsicht kann gelegentlich eine gewisse Zurückhaltung walten – beispielsweise was frühere Partnerschaften oder das Alter des Betriebes anbelangt. Beim weiblichen Unternehmen kann zuviel Aufhebens um Details gemacht werden. Es besteht nachdrücklich auf exaktem Verhalten und Überbetonung der (nur scheinbaren) Wettbewerbsfähigkeit. In der allgemeinen Geschäftspolitik hat das weibliche Unternehmen einen Hang zu Sparsamkeit und finanzieller Vorsicht. Angesichts einer Konjunkturflaute ist es flugs mit Ausgabenbeschneidung und Dividendenreduzierung bei der Hand. In den allgemeinen Geschäftsbeziehungen ist dieser Typ von Unternehmen eher dem Drinnen zugewandt als dem Draußen. Es empfängt Repräsentanten anderer Firmen, aber es ist wenig wahrscheinlich, daß die Besuche erwidert werden. Schließlich nimmt es noch eine andere Haltung dem Sprößling gegenüber ein. Bei einem weiblichen Unternehmen ist der mütterliche Instinkt hoch entwickelt. Es läßt über dem Abkömmling eine schützende Hand walten, und ihm wird Nachsicht in einem Maße zuteil, das oftmals sogar die Grenzen der im allgemeinen konservativen Handhabung der Finanzen sprengt.

Bei der Erörterung der Geschichte der großen Firmenzusammenschlüsse entdecken wir, daß die im vorhinein arrangierte und von allen Verwandten begünstigte ehrbare Verbindung ihre Blütezeit zwischen den Weltkriegen I und II hatte. Damals war es üblich, vor allem den materiellen Aspekten einer Verbindung das Hauptgewicht beizumessen, so daß dem Geschlecht offenbar keine Beachtung geschenkt wurde. Wir dürfen in diesem Zusammenhang nicht vergessen, daß die Wirtschaftsmisere der Jahre 1929 bis 1931 gerade in die Mitte dieser Periode fiel. Ganz besonders nach 1930 bis 1937 und später erfolgten Zusammenschlüsse zwischen Firmen, die unter der Depression litten. Sie sanken Trost und Hilfe suchend einander in die Arme. Selbst damals gab es auch noch andere Motive für den Zusammenschluß, aber das allgemeine Bild zeigt ins Schwanken geratene Gesellschaften, die während des Orkans um jeden Preis einander beistehen. Was immer die Begleitumstände der Vereinigung gewesen sein mögen, viele der aus diesem Zeitraum stammenden Zusammenschlüsse sind außerordentlich fruchtbar geworden. Der *Parkinsey-Report* beruht auf einer Untersuchung eben dieses Zeitraums. Er ist ein Monumentalwerk in zwei Bänden, das in einem Kapitel wie dem vorliegenden unmöglich auch nur oberflächlich zusammengefaßt werden kann. Der Leser, der einen vollkommenen Überblick über körperschaftliche Neubildungen zu gewinnen wünscht, möge sich der eben erwähnten zwei Bände bedienen. Dort findet er Kapitel über Zusammenschlüsse, vorherige Verhältnisse, Regelwidrigkeiten und Trennung.

Die zweite Hälfte des Reports hat sich als höchst allgemein verwendbar erwiesen. Sie behandelt die Zusammenschlüsse in gründlicher und realistischer Weise, zeigt den Wert einer dauerhaften Partnerschaft auf und skizziert, wie sie schrittweise zu erreichen ist. Mit großem Nachdruck wird betont, daß vollkommenes gegenseitiges Vertrauen ohne eine beiderseits gleich große Offenheit unmöglich ist. Wenn der eine Partner dazu neigt, alles rot zu sehen, ist sein Nörgeln, der Bericht des anderen sei ständig schwarz, wirkungslos. Die Schwächen beider muß man kennen, und die Vorstellung, daß der Schuldposten der einen Seite gegen einen Schuldposten der anderen Seite gesetzt werden kann, ist falsch.

Fast genauso wichtig ist es, daß beide Parteien einen einwandfreien Gesundheitspaß beibringen. Eine junge Firma beispielsweise, die eine Zeitlang einem Kartell angehörte, kann sich sehr wohl als mit alten Zahlungsrückständen infiziert herausstellen.

Erwähnung finden sollte auch ein Abschnitt, der der Geburt einer Tochtergesellschaft gewidmet ist – ebenfalls Anhang Y, der sich mit dem Problem der illegitimen Töchter, die außerhalb einer Verbindung geboren werden, befaßt. Hinsichtlich der Tochtergesellschaften glaubt der Autor offenbar, daß eine Verschmelzung ohne Abkömmlinge unvollkommen ist. Er geht nicht so weit zu behaupten, daß das Nichtvorhandensein einer Tochter den Beweis an sich für das Versagen der Fusion darstellt. Die von ihm angeführten Zahlen beweisen, daß bei kinderlosen Fusionen die Scheidungsrate beträchtlich höher, dagegen entschieden niedriger ist, wenn die Zahl der Töchter drei oder mehr beträgt. Der Anteil der Fusionen, die unglücklich enden, hat sich in den letzten Jahren ständig erhöht, und wir haben in diesem Report Gelegenheit zu einem Blick auf die Trümmer, die von manchen hochgeschraubten Hoffnungen übrigblieben. Manchmal werden alle Anstrengungen gemacht, die Parteien miteinander zu versöhnen. Jeder nur mögliche Kompromiß wird erörtert. Aber der Tag kommt, an dem das Scheitern offen eingestanden werden muß. Die Verbindung endet vor dem Scheidungsrichter, und die Tochtergesellschaft muß gleichsam als junge Vollwaise heranwachsen.

Der Parkinsey-Report hat kein Gegenstück, er ist einmalig und stellt, verglichen mit allen vorangegangenen Arbeiten, einen großartigen Fortschritt dar. Die streng wissenschaftliche Betrachtungsweise vergegenwärtigt das ganze Thema ohne Unschärfen, Vorurteile und Prüderie. Allerdings bleibt fraglich, ob diese Arbeit für öffentliche Büchereien geeignet ist; ob sie beispielsweise sehr jungen Firmen gleich am Anfang ihrer Wirtschaftskarriere zugänglich gemacht werden sollte. Die Meinungen darüber werden unvermeidlich auseinandergehen, aber Leute von Mut und Phantasie gelangen vielleicht zu dem Schluß, daß Nichtwissen keine Tugend und Offenheit das beste ist. Zu junge Firmen ohne Erfahrung werden in der Tat außerstande sein, es zu verstehen; während jene mit dem Drang zum Erkunden auch alt genug sind, unterrichtet zu werden. Auf der Suche nach Unterrichtung können sie sich auch an kein umfassenderes Werk als dieses wenden.

Hinter den ganzen Bemühungen der Viktorianischen Zeit, das junge Mädchen und insbesondere die reiche Erbin zu behüten, stand die Furcht, daß sie mit einem Manne durchbrannte. In der Romanliteratur steht der romantische Charakter dieses Verfahrens ganz außer Frage. Wir alle kennen den Hergang – bestochenes Kindermädchen, Liebesbrief, Mädchen am Fenster, Jüngling im Mondlicht, Stelldichein auf dem Kirchhof, Leiter, Flucht, Verfolgung, Heirat. Was die Viktorianer fürchteten, war jedoch nicht sosehr eine dem Durchbrennen folgende Heirat als vielmehr den schmutzigen Betrug. Eine Folgeerscheinung der echten Entführung war nämlich die Geldforderung. Für eine erkleckliche Summe würde der Erpresser das Mädchen unversehrt und unverheiratet zurückgeben. Für eine noch dickere Summe würde der Erpresser sich herbeilassen, das bereits von ihm verführte Mädchen zu heiraten. In beiden Fällen wurde die Familie des Opfers in Angst versetzt, geriet in Mißkredit, und obendrein büßte sie Geld ein. Andere Familien, dieses Beispiel vor Augen, waren nur um so eifriger bemüht, ein derartiges Vorkommnis zu verhüten.

Diesem unseren Zeitgenossen weniger vertrauten Schreckgespenst einer früheren Generation vergleichbar ist das Übernahmeangebot des 20. Jahrhunderts. Unter Kapitalgesellschaften ist das Übernahmeangebot das Gegenstück zur Entführung oder Verführung. In eher konservativen Geschäftskreisen wird es mit einer Mischung aus Faszination und Horror, Abneigung und Neid betrachtet. Das Übernahmeangebot führt jedoch nicht unbedingt zu einem glücklichen Zusammenschluß. Zwar muß man sich damit abfinden, daß der Bieter gewöhnlich polygam ist. Er hat einen aus Frauen, Konkubinen, Kindern und Großkindern bestehenden Harem, der Konzern genannt wird und in unseren Tagen durch die Vielfalt seiner Interessen auffällt. Welches nun die wirtschaftlichen Gegenstücke zum Stelldichein, zur Leiter und zur Jagd nach Gretna Green sind, läßt sich am besten in Form einer Bühnenszene erläutern, eine Form, die es erlaubt, wochenlange Verhandlungen ohne weiteres in Minuten zusammengedrängt darzustellen. Die Szenerie, nehmen wir an, ist das Vorstandszimmer von Tuwenig & Horting, einer Gesellschaft, die eine Kette von 150 Lebensmittelläden kontrolliert. Von den Wänden herab blicken die Porträts von Tuwenig und Horting wohlwollend auf ihre Schwiegersöhne Tuweniger und Hortmehr, den Vorstandsvorsitzer und den Finanzdirektor der Gesellschaft. Die übrigen anwesenden Vorstandsmitglieder sind Duckdich, Mieme und Mangel. Der Raum ist lila- und silberfarben gehalten, mit kühlen Narzissen auf hellem Eichentisch und einem leicht femininen Einschlag, was die Vorhänge anbetrifft. In einer Ecke steht eine bronzene Männerstatue von Rodin. Die Gesellschaft besteht seit langem, ist weiblich, konservativ und unterbewertet. Der Vorhang hebt sich, und wir sehen die Direktoren in einem Zustand aufgeregter Bestürzung. Der Vorstandsvorsitzer telefoniert.

VORSITZENDER *ins Telefon*: Ja, verstehe... Durchaus... Ich begreife das... Aber sind Sie sich wirklich sicher...? Danke vielmals, Müller. Wiederhören! *Zu den anderen*: Ja, unsere Vermutung stimmt. Mailuft-Investment hat unsere Aktien für Cottonwolf und den Versandhaus-Konzern gekauft. Sie haben damit vermutlich 12 Prozent unseres Grundkapitals.

HORTMEHR: Mit unseren 20 Prozent kann dieser Vorstand sich ihm widersetzen.

MANGEL: Aber er kauft immer noch. Die Aktien sind heute morgen erneut um 11 Punkte gestiegen.

DUCKDICH: Warum sollte er gerade auf *uns* herumhacken?

MIEME: Was haben wir denen denn jemals getan?

VORSITZENDER: Er will zu einem Spottpreis an unsere Barmittel und unseren Grundbesitz herankommen. Und unsere Aktionäre (wenn sie darauf reinfallen) werden stimmlose «A»-Aktien vom Versandhaus kriegen. Lieber Himmel, und was wird dann aus uns? *Stenotypistin tritt ein und gibt dem Vorsitzenden einen Zettel.* Jetzt hat Cottonwolf wohl schon 16 Prozent. Da hilft nichts mehr – wir werden die Dividende erhöhen müssen.

DIREKTOREN *ungläubig*: Die Dividende erhöhen?

HORTMEHR: Undenkbar!

MANGEL: Aber ich begreife gar nicht, *warum.*

VORSITZENDER: Sie begreifen überhaupt nichts! Wir müssen eine Zwischendividende von 8 Prozent bekanntgeben.

HORTMEHR: Aber das würden 15 Prozent im Jahr bedeuten. Wo bleiben da unsere Reserven? Was machen wir mit unserem Abschreibungskonto?

VORSITZENDER: Es ist ein harter Entschluß, aber es bleibt uns keine andere Wahl. Einverstanden?

ALLE *widerstrebend*: Wenn's sein muß...

VORSITZENDER *telefoniert*: Teilen Sie den Aktionären mit, daß wir eine Zwischendividende von 8 Prozent zahlen. Fügen Sie hinzu, daß unsere Aussichten großartig sind! *Zu den anderen*: Das sollte hinhauen! *Telefongeklingel.* Ja, hier Tuweniger. Was? Was ist das? Hm ... na ja. Danke. *Zu den anderen*: Die Aktionäre glauben nicht, daß wir eine so gute Dividende zahlen werden, wenn Cottonwolf sich wieder zurückgezogen hat. Er hat jetzt 19 Prozent des Grundkapitals.

HORTMEHR: Aber selbstverständlich zahlen wir keine 15 Prozent, sobald die Krise vorbei ist! Ich hoffe, das versteht sich am Rande.

VORSITZENDER: Das haben wohl auch die Aktionäre sofort begriffen... *Telefongeklingel.* Du lieber Himmel!... Ja, Herr Cottonwolf ... Sie machen ein formelles Angebot...? Wieviel...? Zweiundfünfzig? Ob ich einverstanden bin? Unsinn. Ich muß Ihren Vorschlag dem Vorstand unterbreiten... *Zu den anderen*: Machen wir da mit? *Alle schütteln verneinend den Kopf*: Nein, wir sind *nicht* einverstanden. Wir lehnen ab. Und was noch mehr ist, mein Herr, wir sind sicher, daß die Aktionäre unserem Rat folgen und nicht verkaufen werden! *Legt auf, wählt erneut.* Sagen Sie den Aktionären, der Vorstand rät ihnen, nicht zu verkaufen. *Legt auf.*

HORTMEHR: Vergiß nicht, Tuweniger, daß wir zusammen 20 Prozent der Aktien besitzen. Der kann also nicht die 90 Prozent erreichen, die er braucht, um die anderen zum Abstoßen anzureizen, und sein Angebot setzt doch das voraus; jedenfalls vermute ich das.

VORSITZENDER: So ist es, und viele der Aktionäre werden uns stützen.

MIEME: Aber wie viele?

VORSITZENDER *in den Hörer*: Wie viele Aktionäre sind einverstanden, Herrn Cottonwolfs Angebot anzunehmen...? Ja, ich verstehe... Wie viele haben abgelehnt? Verstehe... Danke. *Zu den anderen*: Jetzt kontrolliert er 43 Prozent und wir nur 31 Prozent. Wir können nichts weiter tun, als eine noch höhere Dividende anzubieten. Sollen wir das machen?

ALLE *verdrossen*: Könnte wohl gut sein.

VORSITZENDER *ins Telefon*: Unterrichten Sie die Aktionäre, daß wir die Zwischendividende auf 12 Prozent erhöhen... Was...? Nein...? Großer Gott! *Zu den anderen*: Er hat 47 Prozent der Aktien. Mal sehen, welche Wirkung unsere Dividende hat.

DUCKDICH: Ich glaube nicht, daß sie überhaupt eine hat.

MIEME: Ich denke, das wird ein Rohrkrepierer.

MANGEL: Aber wieso? Das muß die Aktionäre doch beeindrucken. *Angestellter tritt mit Abendzeitung ein, legt sie dem Vorsitzenden vor*: Was gibt's?

VORSITZENDER: Du meine Güte, Cottonwolf erklärt, die Aktionäre werden auch dann noch die erhöhte Dividende bekommen, wenn er die Firma übernimmt. Das ist dazu angetan, sie zu beeinflussen. Herrjemineh! *Ins Telefon:* Wieviel Aktien kontrollieren wir jetzt? Ist das alles? Und Cottonwolf? Nicht? Wirklich? Na, vielen Dank für die Mitteilung. *Zu den übrigen*: Jetzt hat er 51 Prozent, und er macht sein Angebot ohne Vorbehalte.

HORTMEHR *jammernd*: Er beherrscht die Gesellschaft.

MIEME *weinerlich*: Er kann den Vorstand absetzen.

DUCKDICH *seufzend*: Er kann unsern Grundbesitz verkaufen und dann die Ladenräume mieten.

MANGEL: Ja, aber wir können uns an die Presse wenden und außerdem von der Handelskammer eine Untersuchung des Falles verlangen.

VORSITZENDER: Täuschen Sie sich nicht, Mangel, wir sind die Besiegten. Wir müssen uns geschlagen geben und versuchen, noch die bestmöglichen Bedingungen herauszuholen.

Dieses Beispiel soll eine Warnung sein. Übernahmen erfolgen oftmals unverhofft, und die nach oben strebende Führungskraft sollte diese Tatsache nie aus dem Auge verlieren. Wenn ein Zusammenschluß erfolgt, liegt der Vorteil normalerweise bei der männlichen Körperschaft;

sie war die erwerbssüchtige und aktive. An eine solche Gesellschaft sollte der aufstrebende Angestellte sich binden in der Erkenntnis, daß die Reorganisation, die ein Begleitumstand jedes Zusammenschlusses ist, neue Möglichkeiten für jene schafft, die vorwärtsstreben. Leitende Angestellte auf der weiblichen Seite laufen größere Gefahr, versetzt und beiseite gedrückt zu werden. Für sie ist die Zukunft in der Tat ärgernisträchtig, und Schuld daran tragen nur sie selber. In Unkenntnis der Fakten standen sie auf der falschen Seite des Zusammenschlusses. Sie erfahren ein Schicksal, das andere zu vermeiden trachten sollten. Seien Sie stets auf der männlichen oder aktiven Seite! Und wenn Sie eines Tages ein hohes Amt bekleiden sollten, erhalten Sie, koste es, was es wolle, den maskulinen Charakter Ihrer Firma. Verschmelze, aber schmilz nicht!

DAS DRITTE GESETZ

In diesem letzten Kapitel wollen wir davon ausgehen, daß Sie, der Leser dieser Seite, es in unserer modernen Welt bis zu einem der höheren Posten gebracht haben. Mit Hilfe dieses Buches (es liegt zerlesen und voller Eselsohren auf Ihrem Nachtkästchen) haben Sie Stufe um Stufe erklommen. Halten Sie nun bitte für eine Minute inne. Wohin bringt Sie das alles? Welches ist das letzte Ziel?

Natürlich gibt es so viele Ziele, wie es Menschen gibt. Doch nehmen Sie, zum Beispiel, die Stupido-Gigantic-Metallgesellschaft mit einem Kapital von einer Milliarde Millionen und einem Industrie-Imperium, das sich von Island bis nach Tasmanien erstreckt. Die Stupido entstand (erinnern Sie sich?) als Resultat eines Zusammenschlusses. Die alte Gigantic-Gesellschaft (eine Verschmelzung der Sägezahn-Tiger A.G. mbH. mit Gebrüder Wankelmuth & Schwan) wurde von der Stupido, Mammut & Kopflos A.G. übernommen (einer Nachfolgeorganisation von Bänderriß, Klotz & Kupplung, welche die Gesellschaft von Bergspitz & Querkopf aufgekauft hatte). So kam es, daß die Stupido-Gigantic nunmehr die kahle Landschaft der modernen Welt überspannt. Millionen stehen unter ihren Fittichen, Schutz und Auskommen von ihr erwartend. Ob als Führungskräfte, Techniker, Aktionäre oder Arbeiter, ob als Zulieferer, Unterlieferanten, Einzelhändler oder deren Angehörige – alle starren in stummer Verehrung zu ihr auf. Ihre Loyalität ist unbeirrbar; denn die Stupido hat vielen von ihnen alles gegeben, was sie zu fordern wagten. Sie ist der Leviathan unserer Tage; das Leitbild, vor dem seine Anbeter niederknien; die Gottheit, der täglich Opfer dargebracht werden; der Thron, an dem Bittschriften niedergelegt werden.

Aber es gibt Anzeichen von Rebellion. Könnten Sie unbemerkt die Klubs, Aufenthaltsräume und Korridore durchstreifen, würden Sie überall das Gemurmel der Auflehnung wahrnehmen. Sie würden daraus folgern, daß es Leute gibt, die glauben, die Stupido sei für das Allgemeinwohl zu mächtig. Von allen Seiten würden Sie kritische Bemerkungen hören, die Stupido trage nicht genug zum allgemeinen Wohlergehen bei. Sie sei dazu da, Profit für ihre Aktionäre und mehr noch für ihre Direktoren zu machen. Sie nehme zuviel und bringe zuwenig ein. Sie sei eine seelenlose Maschine, die nichts für die Nation als Ganzes tue.

Dessenungeachtet hat die Stupido den Vorzug – was auch immer ihre Fehler sein mögen –, übernational zu sein. Sie gehört zu jenen Mächten, die blindlings für bessere Beziehungen zwischen den einzelnen Ländern arbeiten. Das ist keine Sache wohlerwogener Politik, sondern ein angeborener Standpunkt; die Anschauungsweise von Männern mit weltweiten Geschäftsinteressen. Das Vorbild für die Handhabung übernationaler Angelegenheiten ist nicht so sehr in Genf oder Den Haag anzutreffen als vielmehr in den Vorstandszimmern einer Mineralölgesellschaft. Die größeren Gesellschaften gehören nicht zu jenen Gruppen, die ein lautes Antikriegsgeschrei erheben. Und das ist ein außerordentliches Glück; denn ein Konflikt weitet sich (wie wir wissen) im direkten Verhältnis zu der Forderung nach Frieden aus. Diese Firmen aber vertreten den internationalen Standpunkt, wie er unter Wissenschaftlern, Bankiers und Zirkusclowns anzutreffen ist. Sie sind daher in verschiedener Hinsicht eine Macht zum Guten. Denn sie haben schon seit langem das Problem gelöst, um dessen Klärung die Außenminister der Welt noch immer ringen.

Nichtsdestoweniger hält das Gefühl an, daß da irgend etwas faul ist. Unter den Angestellten werden Sie eine Spur von Besorgnis wahrnehmen, einen Eifer, sich zu rechtfertigen, einen Drang, die Geschäftspolitik der Gesellschaft zu liberalisieren. Die Zeit rücksichtslosen Wettbewerbs ist vorbei. Die Schlacht um die Vormachtstellung ist geschlagen. Mit dem gesicherten Wohlstand ist die Zeit für hochgesinntes Gönnertum und Gemeinsinn gekommen. Den Menschen oder, besser noch, der Menschheit zu dienen, ist der Zweck der Gesellschaft.

Einen Aspekt dieser wachsenden Liberalität repräsentiert das Berufsmanagertum. Der Manager unserer Tage besitzt neben seiner Berufsausbildung auch so etwas wie Berufsmoral. «Wird das ein gutes Geschäft?» ist wohl seine erste Frage. «Wie sieht das steuerlich aus?» seine zweite. Aber «Ist es moralisch vertretbar?» nunmehr die dritte. In vergangenen Zeiten waren die zartesten Anspielungen auf einen «Dienst» die übliche Vorbereitung, um jemanden hereinzulegen. Das trifft heute nicht mehr zu. Die Moralisten sind oftmals so moralisch oder fast so moralisch, wie sie sich geben. Der Wirtschaftler nimmt seinen Platz neben dem Richter, dem Priester und dem Chirurgen ein; nur sein Anzug hindert ihn daran, das Amt des einen oder des anderen auszuüben. Zum niedrigsten Preis ein- und zum höchsten Preis verkaufen, darum geht es ihm nicht mehr. Er fragt nur danach, wie er nach besten Kräften der Öffentlichkeit dient. Seinen Geschäftsrivalen gegenüber legt er ein dienliches Wohlwollen, den Rohstofflieferanten gegenüber eine großmütige Väterlichkeit, dem kaufenden Publikum gegenüber eine biedere Rechtschaffenheit an den Tag. Er gehört zu den letzten, die nach einem beruflichen Rang streben; und vollgespickt mit Rotary-Club-Idealismus, will er seinen wahren Wert erweisen. Die Direktoren der Stupido gehören zu den moralischsten dieser sehr moralischen Männer. Die Stupido hat in vieler Hinsicht dazu beigetragen, daß die Wohltätigkeitsorganisationen erlahmten und sowohl ihre beamteten als auch ihre freiwilligen Helfer arbeits- und zwecklos wurden. Ein Übermaß an Generosität kann praktisch tödlich sein.

Trotz des liberalen Gebarens der Stupido, ihres guten Einflusses, ihres Weitblicks, ihrer Großzügigkeit, ihrer internationalen Einstellung, und obwohl sie nicht eines einzigen all jener Vergehen schuldig ist, deren man sie beschuldigt, trotz allem: *sie ist zu groß*. Der Prozeß der Integration, Rationalisierung und Fusionierung, dem die Stupido ihr Dasein verdankt, mag rückblickend unvermeidlich erscheinen (und war es wahrscheinlich auch), aber das Resultat ist ein Ding, das zum Fortleben zu schwerfällig ist. Den ausgestorbenen Dinosauriern gleich ist die Stupido zu unbeweglich geworden, um sich dem ständigen Wandel anzupassen.

Die Komplexität der Stupido-Gigantic A.G. wird an ihrem Organisationsplan, ihrer Hierarchie, ihrer Starrheit, ihrer Gleichförmigkeit deutlich. Die Leute machen sich nicht klar, daß die Komplexität nicht von der Geschäftspolitik, sondern lediglich von der Größe herrührt. Schon was allein die in Frage kommenden Mengen und Entfernungen anbetrifft, wird die komplexe Organisation unvermeidlich. Entscheidungen werden unpersönlich und kalt; sie werden nicht einer bestimmten Person zugeschrieben, sondern «denen da oben». Gewiß, dieses oder jenes ist eine Maßnahme des Vorstandes, doch auf wessen Rat hin? Mit der Komplexität geht der Zwang zu Vorschriften einher, zu Regeln und zu Präzedenzen. Mit ihr geht die Flut der Papiermassen einher, der Statistiken und Berichte. Mit ihr geht schließlich das Bemühen der Menschen einher, zu sein und zu handeln wie die anderen. Zugegeben, es gibt Leute, denen um den Organisationsmenschen bange ist. Es gibt Industrieführer, die diesen Trend gern umkehren möchten. Aber die Gleichförmigkeit ist keine Modesache, sondern resultiert aus der Natur der Dinge. Sollen die Belegschaftsmitglieder auswechselbar sein, *müssen* sie einander gleich sein. Sie müssen nach einem Einheitsmuster zugeschnitten sein. Wie könnte das System sonst funktionieren? Das Muster an sich ist schon kompliziert genug. Die Einführung von variablen Größen, verbunden mit Persönlichkeit, würde das Funktionieren eines Systems schlechterdings unmöglich machen. In billigen Romanen wird angenommen, daß ein pensionierter britischer Oberst einem anerkannten Muster zu entsprechen hat, genauso wie Generäle cholerisch und Professoren zerstreut zu sein haben. Die Brauchbarkeit der alten Armee-Offiziere lag zum Teil in der Tatsache, daß Kommandeure ohne merkliche Veränderung der Auffassung von Disziplin oder Routine ersetzt werden konnten. Nicht anders ist es mit dem Angestellten, den die Internationale Mineralölgesellschaft nach Honululu schickt. Er kommt in Sachen Öl als Nachfolger eines Irgendwer, dessen Ausbildung die gleiche war. Und er nimmt ohne weiteres die Arbeit an dem Punkt auf, wo sein Vorgänger aufgehört hat. Das Ersetzen eines reizbaren und bärtigen Oberst durch einen anderen, die Nachfolge eines «ölbewußten» Angestellten durch den nächsten entspricht etwa dem Wechsel, wie er im Vorhof des königlichen Palastes zu beobachten ist, wo die Wachen abgelöst werden, ohne daß sich an dem farbenreichen Ritual etwas ändert; es bleibt stets dasselbe.

Die Komplexität der Mammutgesellschaft ist vor allem eine Folge der Größe, zum anderen aber auch eine Folge des Alters. Ein paar große Gesellschaften stehen noch unter dem Vorsitz ihres Gründers. Wo dies nicht der Fall ist, greift eine von zwei Möglichkeiten Platz. Entweder ist, ausgestattet mit einem Herrschertitel wie Rossfeller III, ein Enkel des Gründers Vorstandsvorsitzer, oder die Unternehmensleitung ist in die Hände von Experten übergegangen. In beiden Fällen wird der ehemalige Schwung verlorengegangen sein. Rossfeller III mangelt es in der Regel an der rücksichtslosen Männlichkeit von Rossfeller I. Ihm fehlt die ursprüngliche vorwärtstreibende Kraft – der Drang, der Armut oder der mißlichen sozialen Stellung zu entrinnen. Statt dessen bietet er ein Bild der Autorität, Würde, Kultur und Liebenswürdigkeit dar.

Über ein festgefügtes Reich – das er selber nie hätte erwerben können – herrschen, dazu kann der Dritte (einer Wirtschaftsdynastie) tatsächlich sehr gut geeignet sein. Aber wie steht es mit dem Vierten? Wie in allen Monarchien kommt der Augenblick, wo der Nachfolger auf dem Thron ein Schwächling, ein Intellektueller, ein Sportsmann oder ein Ästhet ist. Die Herrschaft geht unvermeidbar an die Fachleute, Wirtschaftlichkeitsexperten, jene Galionsfiguren der Unternehmerrevolution, über.

Der gegenwärtige Generaldirektor der Stupido stieg zu diesem hohen Amt durch Fleiß, Wissen, Loyalität, Vorsicht, Härte, Ausdauer und Glück auf. Die einzige Eigenschaft, die er nie hatte und auch nicht haben wollte, war die Befähigung zur Führerschaft. Einige seiner Rivalen besaßen sie und wurden längst als widersetzlich entlassen. Er dagegen besaß alles, was zur Führung des Unternehmens erforderlich war: Fähigkeit, Gesundheit, Vielseitigkeit und Kraft.

Doch nun ist er mit seinen Kräften am Ende. Aber aus welchem Grunde auch immer er ausscheidet, sei es Krankheit, Unfall oder Alter, Sie werden zu seinem Nachfolger berufen (vorausgesetzt, Sie haben bisher des Autors Ratschläge befolgt). Und wie wird das vor sich gehen? Sehr einfach. Das einflußreichste Vorstandsmitglied wird einen von den «alten Hasen», vielleicht einen in der Finanzwelt führenden Mann, anrufen und mit ihm über die möglichen Nachfolger sprechen. Nach jedem Namen, den er nennt, tritt am anderen Ende des Drahts eine Pause ein, eben lange genug, um ihm damit zu sagen, was er wissen will. Ihr Name muß gar nicht erwähnt werden. Trotzdem ist die Sache gemacht, und der Posten gehört Ihnen. Nach fast lebenslanger Mühe haben Sie es geschafft. Und unter der glänzenden Betriebsamkeit Ihres mit dicken Teppichen ausgelegten Büros werden Sie (falls Sie wachsam sind) sogleich Holzwurm und Fäulnis, Schwamm und Rost wittern. Sitzen vielleicht, so fragen Sie sich, zu viele Direktoren im Vorstand? Muß jede Liste und jede Rechnung zu oft abgezeichnet werden? Ist der einzelne zu sehr spezialisiert, arbeitet er zu sehr nach seinem eigenen Kopf? Werden Dokumente und Memoranden einem zu großen Kreise zugänglich gemacht? Macht sich nicht die vorherrschende Selbstgefälligkeit schon zum Ersticken breit?

Was Ihnen entgegentritt, ist nicht Desorganisation, sondern Verfall. Daher ist Dekadenz etwas, das Sie erkennen können müssen. In Gedanken mögen Sie Dekadenz mit schwarzen atlasseidenen Pyjamas und Absinth in Verbindung bringen und feststellen (zutreffenderweise), daß die Stupido von beidem vergleichsweise frei ist. Doch hieße dies, das Wesen des Verfalls mißverstehen. Wenn ein Baum abstirbt, geschieht es normalerweise nicht wegen Krankheit und niemals (nimmt man wenigstens an) wegen Sündigkeit. Er stirbt ab, weil er sein äußerstes Wachstum erreicht hat. Er behält diese seine Größe und Dicke noch eine Zeitlang, wie sie für diese Baumart üblich ist. Er kann sowieso nicht ewig leben, und Institutionen, ob politischen oder industriellen, ergeht es nicht wesentlich anders. Auch bei ihnen leitet die Reife den Verfall ein.

Das ist auch mit der Stupido Gigantic A. G. so. Ihr Wachstum ist beendet. Sie könnte, theoretisch betrachtet, ihren Hauptrivalen noch in einer letzten Fusion schlucken. Dem steht jedoch möglicherweise ein Gesetz hindernd entgegen. Aus Gründen der Geschäftspolitik würde es auch nicht in jedem Falle ratsam scheinen. Es ist oftmals besser, den Anschein eines Wettbewerbs aufrechtzuerhalten, indessen insgeheim Absprachen in bezug auf Preis, Löhne, Gehälter und Qualität erfolgen. Die Stupido wird also ihren gegenwärtigen Marktanteil behalten, hin und wieder einen Zweig ausdehnen und einen anderen einschränken, automatisieren, wo es praktikabel ist, und von Zeit zu Zeit den Aufhänger ihrer Werbung wechseln. Es könnte so aussehen, als sei sie eine der dauerhaftesten Institutionen und aus der industriellen Landschaft nicht wegzudenken. Nichtsdestoweniger ist sie im Verfall begriffen; sein Fortschreiten läßt mehr Würde als Tatkraft erkennen.

Warum ist dem so? Die Stupido ist Parkinsons Drittem Gesetz zum Opfer gefallen: *Expansion bedeutet Komplexität, und Komplexität bedeutet Verfall.* Überall finden sich Anzeichen von Verfall. Betrachten Sie einmal die Gebäude. Zuerst gibt es da den alten Schuppen von 1912 – jetzt ein Museum –, in welchem das Unternehmen begann. Dann kommt das Fabrikgebäude von 1925, geräumig, schrittweise gewachsen und lieblos aneinandergefügt; nicht viel mehr, als den Maschinen ein Dach über dem Kopf zu geben. Dann haben wir dort das Hauptverwaltungsgebäude; 1934 nach dem großen Zusammenschluß erbaut, quillt es

über von Marmor und Bronze, Schmiedeeisen und eichenem Schnitzwerk. Auf der gegenüberliegenden Werksstraße die ungeheuren Erweiterungen aus dem Kriegsjahr 1944, die heute lediglich dem Zweck aller nur zeitweilig erforderlichen Gebäude dienen, nämlich fünfzig Jahre lang jenen Platz mit Beschlag zu belegen, der eigentlich für andere Dinge gebraucht würde. Schließlich kommen wir zu dem jüngsten Gebilde, 1960 erbaut, um die neuesten Abteilungen zu beherbergen: Public Relations, Personalführung, Kulturelle Aufgaben, Werksfürsorge, Betriebsführungen, Erholung und Sport. Es besteht aus einem Leichtmetall-Rahmen, Holzfaserplatten, Glasfaser, Polyäthylen und Pappe. Was der Besucher für das Resultat eines Rohrbruchs hält, ist der Japanische Garten. Was wie Kalkflecken an den Wänden aussieht, sind die Wandbilder von Sakuma Musashi. Das Gebäude ist nicht allein wegen seiner Leichtbauweise bemerkenswert, sondern auch wegen der Schaumstoff-Isolierung und der Warmluftzirkulation. Entworfen von Edgar Schnitzelbaum, Professor an der Hochschule für Architektur in Bruchfast, repräsentiert es in Aufbau und Aussehen die neuesten Trends. Es tut deutlich kund, daß es nicht lange halten wird und auch mit dem Zweck der Fabrik nichts gemein hat. Ob der Stupido-Konzern weitere zwanzig Jahre florieren wird, mag dahingestellt bleiben, aber die Erbauer seines jüngsten Gebäudezuwachses geben ihm ganz offensichtlich nicht mehr als zehn Jahre.

Nachdem Sie die Gebäude gesehen haben, lassen Sie sich die Gehälterliste kommen und schauen nach, welchen Wert die Gesellschaft dem Unternehmungsgeist beimißt. Bei den Führungskräften gibt es gemeinhin zwei Arten: jene, die technisch imstande sind, etwas Neues zu star-

ten, und solche, die lediglich befähigt sind, den Betrieb, so wie er ist, zu verwalten. Was ist wichtiger – ein neues Produkt oder ein reibungsloser Ablauf? Trotz der üblichen Lippenbekenntnisse zugunsten von Neuerungen und Fortschritt – den wahren Wertmaßstab liefert die Gehälterliste. Wer zählt mehr, der Ingenieur oder der Bilanzbuchhalter, der Chemiker oder der Büroangestellte? Verdankt der Betriebsleiter seinen Posten der Entdeckung neuer Verwendungsmöglichkeiten für ein Abfallprodukt, oder weil eine ihm unterstellte Abteilung reibungslos funktioniert hatte? Beide Arten von Fähigkeit mögen sehr geschätzt werden, aber welche wird höher bewertet? Wo dem Routinekönnen der höchste Wert beigemessen wird, hat der Verfallsprozeß begonnen.

Als letzte dieser Präliminarien besuchen Sie den entlegensten Außenposten des Stupido-Imperiums: die Versuchsfarm auf Island oder die Forschungseinheit in Tasmanien. Ergründen Sie, was die Wissenschaftler dort tun, und stellen ihnen dann die kritische Frage: Wann wurden Sie das letzte Mal von einem Direktor der Firma besucht? Lautet die Antwort «letztes Jahr», ist die Lage schlecht. Lautet sie «1958», ist die Lage noch schlechter. Lautet die Antwort sogar «noch nie», dann ist die Lage fast hoffnungslos. Denn während in der Zentrale der Verfall die Form unnötiger Geschäftigkeit annehmen kann, hat er stets eine Vernachlässigung von eher entlegenen Dingen im Gefolge.

Das Herunterwirtschaften des Zentralapparats wird sich am ersten in den entlegenen Bereichen bemerkbar machen, an den Stätten, bis zu denen die Zentralautorität kaum hinreicht. Und von diesen Stätten ist es die am meisten entlegene – wie einst am Hadrianswall eines untergehenden Imperiums –, wo der Niedergang am offenkundigsten wird. Daß die dortige Truppenabteilung unter Normalstärke aufweist, ist weniger wichtig als die Tatsache, daß auch nicht einer dazu gekommen ist, sie zu inspizieren. Das Imperium mag noch bestehen, doch seine Tatkraft ist im Schwinden und wird binnen kurzem auf dem Nullpunkt sein.

Gibt es dagegen eine Abhilfe? Die Antwort liegt in dem einen Wort «Führungskunst». Und was ist Führungskunst? Was ist dieses Unwägbare, das jede Generation von neuem ergründen muß? Es ist die Kunst, ein fernes Ziel so deutlich aufzuzeigen, daß alles andere dagegen verblaßt. Hat der geborene Führer mit seiner Schilderung den Heiligen Gral, die Ewige Stadt, Frankreichs Gloire oder die Ehre des Regiments beschworen, werden alle augenblicklichen Entbehrungen und Gefahren als unerheblich betrachtet. Etwas von dieser Inbrunst muß in dem mitgeklungen haben, was der gute alte Gustav Bänderriß zu seinen versammelten Männern am Vorabend der ersten großen Fusion sagte: «Jungs», hat er gesagt, «wir dürfen stolz sein. Wenn wir das Abkommen hier schaffen, werden wir ein Viertel der Industrie beherrschen!»

Wer hätte angesichts seiner Begeisterung eine Gehaltserhöhung verlangen wollen? Wer von den Versammelten hätte anfangen wollen, die Dreißigstundenwoche zu diskutieren? Wer beklagte sich, wenn er aus besagtem Grunde den Abend über im Büro festgehalten wurde? Es war Lohns genug, nach Hause zu kommen, bleich und wankend, und das Eheweib Stillschweigen geloben zu lassen: «Erzähl es keinem, Susanne, aber der Eiserne Gustav ist auf dem Kriegspfad. Ich denke, er hat es schon geschafft. Am Donnerstag wird alle Welt die Neuigkeit erfahren. Mein Gott, was bin ich ausgepumpt!» Nehmen Sie an, falls es Ihnen beliebt, daß Susannes Ehemann mit der Sache selbst nichts zu tun hat. Unterstellen Sie, wenn Sie wollen, daß er im Büro nicht einmal gebraucht wurde. Die Tatsache bleibt bestehen, daß er bei einem Drama zugegen war, neben dem seine eigenen Angelegenheiten in Vergessenheit gerieten. Das war die Stimmung, in der die Männer bei Austerlitz, bei Trafalgar oder an der Küste der Normandie fochten. Unter einem begeisterten Führer kommt der Soldat dahin, seinen eigenen möglichen Tod für pure Nebensache zu halten. Unter einem echten Industrieführer sieht der Arbeiter seinen eigenen Lohn nur höchst ungern als Debetziffer in den wackeligen Finanzen der Firma. Zumindest in der frühen und riskanten Phase einer Industrie kann den Leuten die Aufregung mehr bedeuten als der Lohn. «Ja, damals...» können sie sich nachher großtun, «da waren Männer noch *Männer!*» Aber diese abenteuerlichen Zeiten sind längst dahin. Nichts als die Größe des Unternehmens hat die Komplexität verursacht, und mit der Komplexität macht sich das Gesetz der Schwer-

kraft geltend: in der gewichtigen Ausdrucks- und Redeweise, in den vorgeschriebenen Wegen und Abläufen, in einer gewissen Geisteshaltung und vor allem in der Diskussion. Die Schwerkraft hat gewonnen.

Die Situation ließe sich oberflächlich mit der eines Hoteliers vergleichen, der nach langer Abwesenheit zurückgekehrt ist und ein verwahrlostes Hotel vorfindet. Die Zimmer sind schmutzig, der Anstrich hat gelitten, der Service ist schlecht und das Essen noch ärger. Das Bedienungspersonal, das sehr wohl ordentlich arbeiten kann, hat träge und schlampige Gewohnheiten angenommen. Dem läßt sich mit mehreren Rezepten beikommen, aber am raschesten und wirksamsten hilft die Ankündigung einer Cocktailparty für zweihundert Personen, der (nach drei Tagen) ein Festbankett und (nach zwei weiteren Tagen) ein Ball folgen. Köche, Kellner, Barmänner stehen plötzlich vor einem Hauptwendepunkt mit zahlreichen, schier unlösbaren Problemen. Ihre Arbeitsmoral kehrt über Nacht zurück, und das Hotel wird wieder, was es einmal war. Jeder andere Betrieb läßt sich zumindest zeitweilig auf die gleiche Weise wiederbeleben.

Können Sie durch solche Mittel das Gefühl des Abenteuerlichen und des Wagnisses neu beleben? Können Sie die Stupido aufrütteln, sich dem etwaigen Wettbewerb von irgendwelchen Leuten zu stellen, Leuten, die arbeiten, statt zu argumentieren, Leuten, denen Vorankommen mehr bedeutet als das verlängerte Wochenende? Sie, jawohl Sie, können es, vorausgesetzt, Sie sind wie durch ein Wunder im Herzen jung geblieben. Denn der Erfolg ist bei den Jungen, und Jungsein heißt wissen, daß es neue Welten zu erobern gibt und daß die Zeit stets Wandel schafft. Wie alt Sie sind, tut nichts zur Sache. Jungsein ist ein Besitz, den Sie sich erhalten können, falls Sie wollen. Alle können es deutlich wahrnehmen – an der Elastizität Ihres Schrittes, an Ihrer raschen Anpassung an veränderte Umstände, an Ihrer Bereitwilligkeit, ein Risiko auf sich zu nehmen, an Ihrer Bereitschaft zu lachen. Wer weiß, was Verfall heißt und für seinen Beginn gerüstet ist, kann lebenslang von Parkinsons Drittem Gesetz verschont bleiben. Über ihn hat die Schwerkraft keine Macht. Für ihn – und auch für Sie – kommt das geheiligte Festhalten an dem Einheitsmuster der Gesellschaft, jene Bürde der Beschwerlichkeit, jene lästige Würde des Alters, nicht in Betracht. Sie können, falls Sie nur wollen, die Dinge leichtnehmen und eher dem Gesetz der leichten Hand folgen: dem Gesetz, das Sie hochgetragen hat und oben halten wird.

C. Northcote Parkinson

Parkinsons Gesetz
und andere Untersuchungen über die Verwaltung
Illustriert von Osbert Lancaster. rororo Band 6763

Welche Faktoren bestimmen das unaufhaltsame Wachstum der Bürokratie? Parkinson antwortet mit seiner inzwischen berühmt gewordenen ironischen Gesetzesformel. Seine kaustisch witzige Erhellung des Behörden- und Amtsträgerunwesens ist damit nicht erschöpft: Ob Auswahl von Bürokratie-Nachwuchs, ob Büro-Paralyse oder die hohe Kunst, Amtsaktivisten pensionsreif zu machen: für alle Verhängnisse unserer verwalteten Welt hat er eine listige, schnurrig-satirische Wahrheit parat.

. . . alles von unserem Geld
Eine Studie über die Steuern
Illustriert von Osbert Lancaster. rororo Band 6729

Der kaustisch verschmitzte Kenner des Amtsschimmels nimmt hier den Steuermoloch der Staatsbürokratie aufs Korn. Staunend erfährt der tributpflichtige Bürger, was alles von seinem Geld bezahlt wird und was dabei herauskommt: Mißwirtschaft, Schulden und Bankrotte – von den Staaten der Antike bis zu denen der Neuzeit. Für die zahlenden Opfer eine Fülle bitterer Wahrheiten, in der Facette angelsächsischen Humors funkelnd. Und das Opfer zahlt!

Favoriten und Außenseiter
Eine Studie über den Erfolg in Wirtschaft und Gesellschaft
Illustriert von Osbert Lancaster. rororo Band 6710

Der Schalk unter den Soziologen gibt hier eine ironische Anleitung für alle, die nach Erfolg in Beruf und Gesellschaft streben, für Protektionskinder und gewöhnliche Sterbliche. Ob sie als Ingenieur oder Journalist, als Politiker oder Wissenschaftler, als Testpilot oder Geheimagent Karriere machen wollen: alle müssen die hohe Kunst beherrschen, im Umgang mit Vorgesetzten recht zu behalten. Mit sarkastischem Augenzwinkern prophezeit ihnen Parkinson dann die gleiche Endstation: einen Schreibtisch mit angeschlossener Pensionsberechtigung.

Auflage der Werke von C. Northcote Parkinson in den rororo Taschenbüchern bereits über 200 000 Exemplare

Dr. med. Eric Berne
Spiele der Erwachsenen
Psychologie der menschlichen Beziehungen

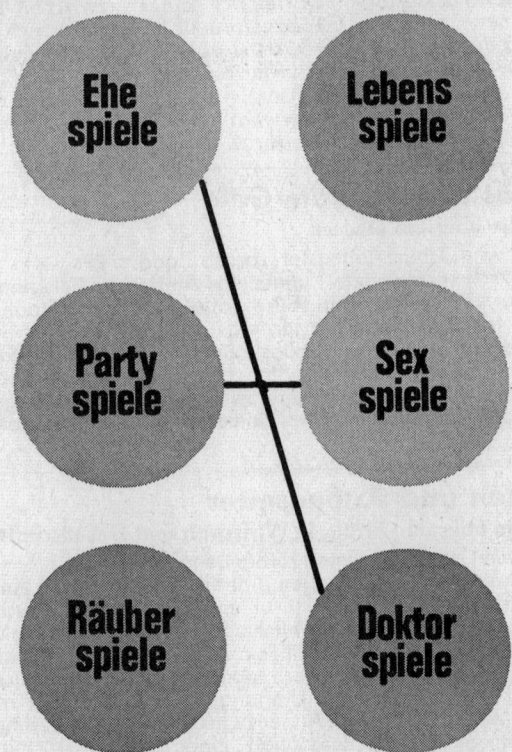

Quick, München: «Wir spielen sie täglich und überall, die ‹Spiele der Erwachsenen›. Wer ihre Regeln beherrscht, besitzt ein unfehlbares Rezept, die Menschen zu durchschauen: den Ehepartner, den Freund, die Freundin, den Kollegen – und sich selber.»

rororo sachbuch 6735/36
Buchausgabe: 272 Seiten. Geb.

PETER & HULL

DAS PETER-PRINZIP

oder Die Hierarchie der Unfähigen

Die Zeit: «Gäbe es einen Nobelpreis für satirische Soziologie – der nächste Anwärter für diese Auszeichnung wäre Laurence J. Peter.»

Der Spiegel: «Ein neues satirisch-soziologisches Fundamentalgesetz!»

Die Welt: «Dieses Buch ist die brillanteste Parodie des Jahres.»

Capital: «Der neue Parkinson heißt Laurence J. Peter. Er ist Pädagogik-Professor an der University of Southern California [Los Angeles] und erfand die Wissenschaft von den Hierarchien: die Hierarchologie. Dabei entdeckte er auch ein revolutionierendes Gesetz: Peters Prinzip.»

224 Seiten

Rowohlt

599/4